LE
MARÉCHAL DAVOUT

SON CARACTÈRE ET SON GÉNIE

PAR

Émile MONTÉGUT

Portrait et Autographe

PARIS

A. QUANTIN, IMPRIMEUR-ÉDITEUR

7, RUE SAINT-BENOIT

1882

LE
MARÉCHAL DAVOUT

LE
MARÉCHAL DAVOUT

SON CARACTÈRE ET SON GÉNIE

PAR

Émile MONTÉGUT

Portrait et Autographe

PARIS

A. QUANTIN, IMPRIMEUR-ÉDITEUR

7, RUE SAINT-BENOIT

1882

Je n'ai pas eu d'tes nouvelles ma chère amie
depuis la lettre du S.r de Castres Recommandes lui de
profiter de toutes les occasions pour m'en donner
ainsi que d'celles de nos petits enfants j'leur
envoie mille baisers aussi y'en ai un excellent
mien elle doit être bien persuadée qu'à orléans
aussi qu'à paris en partout j'serai toujours
un excellent français j't'embrasse de toute mon
ame tout a toi pour la vie

ce 16 juillet

DAVOUT

A. Quantin Edit.

AVANT-PROPOS

La révolution française, selon toute apparence, n'a plus guère de secrets à nous découvrir; tous ses témoins importants, ou à peu près, ont été entendus, et ses dernières révélations importantes ont été faites, il y a déjà trente ans, avec les papiers de Mirabeau et la correspondance échangée entre le célèbre tribun et le comte de La Marck. C'est au tour du premier empire maintenant de lever les derniers voiles dont une grandeur jalouse voulut que la vérité fût recouverte pour le plus grand profit de son autorité et le plus grand éclat de sa gloire. Jusqu'à une date récente, les panégyristes ont eu seuls la parole sur cette mémorable époque; le premier empire a eu cette singulière fortune que le bien qu'on en pouvait dire a été dit tout de suite, et a été dit seul, sans contradiction sérieuse ni démenti de quelque valeur, en sorte que, sous l'influence de cette apologétique passionnée, la légende napoléonienne s'est emparée aussi sûrement de l'opinion des classes lettrées qu'elle s'était emparée déjà de la foi naïve des classes populaires. Le règne de cette période exclusivement apologétique est désormais terminé, et comme rien ne saurait arrêter la divulgation de la vérité lorsque l'heure en est venue, c'est sous le second empire même, si intéressé pourtant à maintenir l'opinion reçue, que nous avons vu commencer pour l'ère napoléonienne l'époque critique. A la correspondance officielle de Napoléon, recueillie et éditée par les soins du gouvernement impérial, répondirent la correspondance du roi Joseph, si remplie de récriminations douloureuses contre le despotisme fraternel, les plaidoyers habilement accusateurs des *Mémoires* de Marmont, les récits discrètement acerbes du général Miot de Mélito. Depuis lors nous avons eu les *Mémoires* du général Philippe de Ségur, qui sut allier à l'admiration la plus fervente pour le maître de son choix l'équité la plus sévère. L'époque actuelle, on sait par quel concours de circonstances, est singulièrement favorable à toute divulgation qui permettra de continuer cette enquête contradictoire commencée sous le second empire et en dépit de lui; on a pu le voir tout récemment à la curiosité éveillée par les spirituels *Mémoires* où Mme de Rémusat a pour ainsi dire humanisé le bronze impérial en en dévoilant les faiblesses, voire même les petitesses intimes. Tout document nouveau, pourvu qu'il porte la marque de l'authenticité, tout témoignage, pourvu qu'il émane d'une source directe, seront sûrs d'être bienvenus auprès du public contemporain. Les papiers et la correspondance du prince d'Eckmühl, publiés par sa plus jeune fille, viennent donc bien à leur heure; ils y viennent doublement bien, et parce qu'ils introduisent devant nous un des plus grands personnages du premier empire, et parce qu'il y a pour un Français d'aujourd'hui un intérêt très particulier à connaître de près le vaillant homme par qui la Prusse fut écrasée, plus que par aucun autre, en 1806, et qui, selon le mot heureux de Lamartine, aurait mérité d'être appelé Davout le Prussique, comme Scipion portait à Rome le surnom d'Africain.

Ce n'est pas que ces papiers dévoilent rien de très important, au point de vue politique ou militaire; mais ils révèlent mieux que cela: ils révèlent un être moral, une âme pleine de grandeur et un cœur plein de bonté. Tous ceux qui ont eu l'honneur d'approcher Mme la marquise de Blocqueville, — et ceux-là sont nombreux parmi les écrivains tant anciens que nouveaux de ce temps-ci, — savent quel culte ardent elle porte à la mémoire de son illustre père. Jamais cette expression de piété filiale, qui donne une portée religieuse au plus pur des sentiments humains, ne fut justifiée d'une manière plus noblement touchante. Ce que ce père à peine entrevu a laissé à sa fille, c'est mieux qu'un souvenir dont elle a le droit d'être fière et la joie de se parer, c'est pour ainsi dire sa présence invisible de génie protecteur sans cesse réclamé comme appui, sans cesse interrogé comme conseil. Cette enthousiaste piété filiale a inspiré à Mme de Blocqueville une tentative originale, celle de laisser le maréchal se révéler lui-même devant la postérité, tel qu'il fut dans le secret de sa vie privée, par le moyen de ses lettres intimes et les témoignages des siens.

Je dis que la tentative est originale, car elle est jusqu'à cette heure sans précédents dans la littérature historique qui se rapporte au premier empire. Que savons-nous en effet des hommes marquants de cette époque ? En chacun d'eux nous ne voyons que l'acteur, mais l'homme même nous échappe, impuissants que nous sommes à le suivre au delà de son rôle officiel et extérieur. Peu soucieux pour la plupart des choses littéraires et souvent neufs aux arts sociaux, les compagnons d'armes de Napoléon et les auxiliaires de sa politique ont laissé échapper un des plus enviables privilèges de la célébrité, celui d'être leurs propres peintres et de conquérir ainsi pour leurs personnes autant de sympathie qu'ils avaient conquis d'admiration ou de respect pour leurs actions. Cette regrettable discrétion qu'ils ont gardée sur eux-mêmes a été imitée, semble-t-il, par ceux qui les entouraient; rares sont les révélations d'un caractère réellement autobiographique qui nous ont été faites par les témoins du temps, rares les traits anecdotiques intéressants pour l'étude morale de l'homme. Aussi, tandis que le moindre officier du règne de Louis XIV ou le plus chétif mondain du règne de Louis XV nous est connu par le menu dans toutes les amusantes particularités de sa nature, nous ne voyons jamais les hommes de l'empire autrement que dans le feu de l'action, en grand uniforme militaire, dans un appareil de pompe, et sous une lumière uniformément radieuse de gloire militaire. De là une impression de sécheresse et d'aridité chez celui qui étudie l'histoire de cette période; il trouve, non sans raison, que les oasis rafraîchissantes y ont quelque peu défaut. Voici cependant un de ces vaillants hommes de guerre, un des plus grands, le plus grand même, au dire des vrais juges en ces matières, qui se présente à nous dans toute la simplicité de la vie habituelle, se laisse aborder avec cordialité, et nous raconte avec une bonhomie sans préméditation non comment il fut guerrier illustre, mais comment il fut époux, fils, frère et ami, non comment il sut vaincre, mais comment il sut aimer. Pascal se moque, dans une de ses pensées, de la ridicule erreur d'imagination qui nous fait nous figurer Aristote et Platon comme des pédants en robe longue et en bonnet pointu, tandis que c'étaient d'honnêtes gens conversant volontiers avec leurs amis. Le livre qui fait le sujet de ces pages nous rend le service de dissiper une erreur analogue et nous montre que les héros que nous nous figurons toujours en casque et en armure peuvent être heureux de déposer cet attirail de guerre pour sentir de plus près les battements des cœurs qu'ils aiment, et peuvent vivre avec les hommes sans les terrifier de leur majesté.

Nous nous permettrons cependant de contredire l'auteur de ces *Mémoires* sur quelques points. Mme de Blocqueville a ouvert son livre par une esquisse plutôt morale que biographique, où elle a rassemblé tous les traits du caractère du maréchal dans la pensée de répondre à ses détracteurs et de venger sa mémoire des injustices dont il eut à souffrir. Qu'elle nous permette de lui dire que son imagination nous semble avoir singulièrement grossi le nombre de ces détracteurs et exagéré ces injustices. Passe pour les plaintes qu'elle élève contre la conduite de Napoléon envers Davout. Il est certain que l'empereur, — nous le savons pertinemment depuis la publication des *Mémoires* du général Philippe de Ségur, — prit mal son parti de la victoire d'Auerstaedt, qu'il fit tout ce qu'il put pour en dissimuler l'importance, et qu'il s'efforça contre toute évidence de la transformer en un simple épisode de la bataille d'Iéna ; néanmoins il y eut là, à tout prendre, plus d'égoïsme encore que d'injustice, et ces manœuvres de duplicité n'allèrent pas — le titre de duc d'Auerstaedt en fit foi, quoique tardivement —, jusqu'à priver le maréchal des avantages de sa victoire. Il est certain encore que l'empereur garda toujours envers Davout quelque froideur ; mais cette froideur ne se traduisit jamais, que nous sachions, par un manque de confiance ou par une marque de défaveur, ou par une dépréciation quelconque de ses grands talents militaires. Nous comprenons également les reproches que Mme de Blocqueville adresse au second empire à propos du singulier oubli qu'il a fait du maréchal Davout dans la distribution des statues militaires du nouveau Louvre, car les reproches sont cette fois amplement mérités. Il est inexplicable en effet qu'un tel homme de guerre ait été oublié dans une décoration monumentale destinée à représenter les gloires de l'époque impériale. Quant aux injustices des partis politiques, de l'opinion et de la postérité, je crois pouvoir affirmer à l'auteur que son zèle filial l'abuse complètement. Jamais personne à ma connaissance n'a élevé le moindre doute sur le génie militaire de Davout et n'a eu l'envie de lui contester l'importance de ses victoires. Qu'un tel homme ait eu des ennemis et des jaloux, cela n'est que trop explicable; ce qu'on peut contester, c'est que ces ennemis aient eu pouvoir de lui nuire, que leurs manœuvres aient eu prise sur l'opinion et que leurs calomnies aient été seulement connues d'elle. Il a encouru à un moment donné la défaveur de la restauration, mais cette défaveur qu'il devait à sa fidélité à Napoléon n'était pas, à tout prendre, une injustice. Les actes d'un homme de cet ordre ne peuvent être pris indifféremment, et il était assez naturel que le gouvernement de

Louis XVIII eût préféré que le défenseur de Hambourg arborât le drapeau blanc spontanément et sur la première rumeur de la chute de Napoléon plutôt que d'en attendre l'ordre accompagné de la notification officielle de la révolution accomplie.

Il est assez naturel encore que la seconde restauration lui ait gardé quelque rancune de son rôle pendant les cent jours et qu'elle l'eût mieux aimé hors de France avec Louis XVIII qu'en France auprès de Napoléon. Restent enfin certaines fausses représentations de son caractère et de son cœur que sa fille réussit sans grand'-peine à détruire; est-elle bien sûre cependant que ces fausses représentations aient jamais eu un véritable crédit? Le maréchal par exemple a été dépeint comme brusque, dur, bourru, presque impoli, tandis qu'il était, nous dit Mme de Blocqueville, la courtoisie même; mais elle se trompe, si elle croit que cette qualité fut ignorée des contemporains. Voici une anecdote que je rencontre dans une biographie d'Henri Heine récemment publiée en Angleterre. Pendant une de ses campagnes en Allemagne, le maréchal avait rencontré le jeune Henri Heine sur les bords du Rhin, et comme on parlait quelques années après, entre voisins, des généraux de l'empire, le ère de Heine, pour répondre plus victorieusement à certaines attaques, évoqua le souvenir de Davout. « Heinrich, dit-il en se tournant tout à coup vers son fils, n'est-ce pas que c'était un *aimable homme?* » Comme il est assez improbable que cet Allemand soit le seul contemporain qui ait remarqué ces qualités aimables du maréchal, on peut regarder cette anecdote comme une preuve à peu près certaine que Davout a toujours été connu pour ce qu'il était, ce qui ne veut pas dire que les jugements calomnieux ou erronés lui aient pour cela manqué. Tout homme qui exerce le commandement est assuré de faire des mécontents, et certaine note vengeresse de Mme de Blocqueville contre un historien contemporain atteste que le maréchal en avait fait quelquefois.

Cette querelle une fois vidée, il ne nous reste plus qu'à profiter des documents qui nous sont offerts. Nous aurions peut-être préféré un autre classement des matières, nous aurions désiré peut-être des élucidations plus nombreuses, surtout pour toute la partie militaire de ces papiers. Tels qu'ils sont, cependant, ces documents abondent en faits curieux qui fournissent les éléments d'une histoire véritablement neuve du maréchal. C'est à ces faits inédits, ou mal connus, que nous voulons nous attacher particulièrement en nous imposant la réserve de nous en tenir à ceux-là seulement qui nous sont racontés, comme dit le titre de ces *Mémoires*, par le maréchal même ou par les siens.

I

LES ANNÉES HEUREUSES

1789-1810

I

ORIGINE DE LOUIS DAVOUT. — Mme DAVOUT MÈRE — L'HOMME EN GERME DANS L'ENFANT.

Louis Davout naquit à Annoux, département de l'Yonne, le 10 mai 1770, un peu moins d'une année, par conséquent, après le grand capitaine dont il devait être un si illustre et si essentiel lieutenant. Comme un certain orgueil plébéien s'est toujours complu à voir dans les ducs et princes de l'empire de glorieux parvenus, fils de leurs propres œuvres, ayant, à l'instar du don Sanche de Corneille, leur épée pour mère et leur bras pour père, nous allons étonner peut-être quelques-uns de nos lecteurs en leur apprenant que le vainqueur du duc de Brunswick et du prince Charles n'était pas un homme d'extraction nouvelle, mais appartenait à une famille d'ancienne noblesse bourguignonne, qui remonte par actes authentiques au commencement du xive siècle et qu'on trouve sous l'étendard des ducs de la maison de Valois mêlée aux guerres de cette lugubre époque. Son père, Jean-François d'Avout, qualifié chevalier et seigneur d'Annoux, était au moment de la naissance de son fils, ainsi qu'en témoigne l'acte de baptême du maréchal, lieutenant au régiment de Royal-Champagne cavalerie; sa mère, Adélaïde Minard de Velars, descendait d'Antoine Minard, président à mortier au parlement de Paris sous Henri II, ardent magistrat dont le zèle catholique dans le procès d'Anne Dubourg lui valut d'être assassiné par une arquebuse protestante en 1559. Louis Davout n'était donc pas le premier de sa race; l'éditeur des nouveaux mémoires a tenu justement à l'établir, non dans la mesquine pensée de retirer un nom glorieux aux classes dont le maréchal épousa et servit la cause, mais au contraire avec l'intention de rehausser la justice de cette cause. « Il faut tenir à ses ancêtres, dit Mme de Blocqueville, avec une fierté pleine de finesse, ne fût-ce que pour avoir le droit de se faire le champion de la liberté sans paraître prendre un tel rôle par un misérable sentiment d'envie. » S'il est quelqu'un, en effet, qui puisse être cru sur parole lorsqu'il affirme que la seule aristocratie est celle de l'âme, c'est bien celui qui peut se vanter d'une antique origine, car celui-là ne peut être suspect de partialité.

On aime à tout savoir sur les ascendants des hommes célèbres. Nous n'avons malheureusement aucun détail sur le père de Louis Davout, qui mourut lorsque son fils était encore enfant; mais il n'en est pas ainsi pour sa mère, dont les présents mémoires nous offrent une correspondance assez étendue. Cette correspondance, toute familière, nous la montre à découvert; ce fut une personne d'une âme en bon équilibre, d'un caractère égal et modeste, sans ambition ni vanité mondaine, avec une préférence marquée pour la vie tranquille et à demi obscure. Au moment le plus resplendissant de la carrière militaire de son fils, dont elle suit les succès avec bonheur, mais sans éblouissement d'aucune sorte, nous la trouvons tout occupée dans sa retraite de Ravières à filer du lin que lui a envoyé la mère de la maréchale, Mme Leclerc, une autre personne pleine de bonhomie bourgeoise et de patiente humeur devant les vicissitudes de la fortune. « On dirait de la soie; aussi j'ai bien du plaisir à tourner ma roue. Je viens d'en acheter à 1 fr. 12 la livre, mais aussi quelle différence! c'est le jour et la nuit. » Un trait remarquable de son caractère, c'est l'aisance avec laquelle elle sait garder son rang de mère sans prétendre pour elle-même à celui que la fortune a fait à son fils, sans se hausser pour y atteindre, sans se diminuer pour s'en écarter. Cette grandeur, elle la regarde comme chose naturelle et légitimement due à celui à qui elle est échue; pour elle, se renfermant dans son rôle maternel, elle n'intervient dans cette existence princière que pour les questions qui en intéressent le ménage intérieur, ou qui peuvent en troubler le huis clos — médisances mondaines dont il faut se méfier, jalousies conjugales qu'il faut se garder d'exciter — ou pour en contempler de loin le rayonnement du fond de sa petite ville, en compagnie de quelques bons voisins et amis de longue date. « Je ne puis me dispenser de vous dire un bon mot de notre pasteur, écrit-elle à son fils en 1808; le temps nous menaçait d'un orage, et j'ai fait : « On dirait que « les nuages se dirigent du côté de la Pologne. » M. le curé de répondre : « M. le maréchal Davout « ne peut craindre le tonnerre, il n'est jamais « tombé sur les lauriers. » — Tout le monde l'a fort applaudi, et moi très contente. » Quel contraste cette gentille scène de vie provinciale fait apparaître entre cette existence paisible et celle de l'homme qui sortait d'écraser la Prusse et qui commandait alors presque souverainement en Pologne! Ne dirait-on pas un aimable tableau de genre en face de quelque tragique page de Gros?

Ce que fut Louis Davout pendant les années de l'enfance et de l'adolescence, cette mère si sensée nous l'a dit dans sa correspondance en deux mots qui sont un portrait achevé, où l'on peut retrouver sous les traits de l'enfant les qualités éminentes de l'homme de guerre que nous connaissons. « Le détail que vous me faites de Joséphine (la fille aînée du maréchal) est charmant ; sa bruyante gaîté annonce un heureux caractère et une longue vie. Il me semble voir son père dans son enfance ; *il faisait beaucoup de tapage avec un grand sang-froid*, et je n'ai jamais connu d'enfant plus doux. » L'homme tint ce que promettait l'enfant. Toute sa vie, à Auerstaedt, à Eylau, à Eckmühl, à Hambourg, Louis Davout fit grand tapage avec un sang-froid parfait. Son âme fut pour ainsi dire comparable à un tonnerre sans craquements, et il y eut toujours dans ses actes militaires tous les effets de la furie guerrière la plus irrésistible sans aucun des symptômes extérieurs qui en révèlent la présence. Nul chef d'armée ne sut écraser ses ennemis, ce qui est le comble du tapage, avec une fermeté plus tranquille, ni regarder le péril en face avec un plus hautain mépris. C'était un bronze qui renvoyait la défaite avec une impassibilité terrible ; si jamais batailles présentèrent un air de fête, à coup sûr ce ne sont pas celles de Davout, qui méritent au contraire de rester classiques comme étant quelques-unes de celles qui font apparaître l'image exacte de la guerre dans toute sa tragique beauté. La nature l'avait sacré pour le commandement en le douant d'une inflexibilité taciturne qui le disposait à l'action plus qu'aux paroles ; mais ce taciturne avait, quand il le fallait, des mots à l'avenant de ses actes où son caractère se peint tout entier, des mots d'une portée sombre et d'une mâle allure, faisant aussi grand tapage avec sang-froid. Le Davout que nous venons de décrire n'est-il pas tout entier dans cette allocution au moment de la surprise d'Auerstaedt faite pour troubler les plus hardis courages : « Le grand Frédéric a dit que c'étaient les gros bataillons qui gagnaient la victoire : il en a menti, ce sont les plus entêtés. Faites comme votre maréchal, en avant ! » Et ce qu'on peut appeler la religion de l'homme de guerre n'est-elle pas tout entière dans ce mot admirable au matin d'Eylau : « Les braves mourront ici, les lâches iront mourir en Sibérie. » Je dis bien la religion de l'homme de guerre, car ce mot, qu'est-il sinon le résumé inconscient de ce culte de la vaillance par lequel l'antique Odin apprit à ses Scandinaves que toute vertu est contenue dans le courage et tout vice dans la lâcheté?

II

DAVOUT PENDANT LA PÉRIODE RÉVOLUTIONNAIRE. — IL COMMANDE LE 3ᵉ BATAILLON DES GARDES NATIONALES DE L'YONNE. — SON AMITIÉ POUR MARCEAU. — EXPÉDITION D'ÉGYPTE.

Élevé non à l'école de Brienne, comme quelques biographes l'ont dit à tort, mais à l'école militaire d'Auxerre, puis à celle de Paris, nous trouvons Davout au moment où s'ouvre la révolution française officier comme son père au régiment de Royal-Champagne cavalerie. Ce qu'il était physiquement à cette époque, un portrait de famille gravé par les soins de l'éditeur et placé en tête des présents mémoires nous l'apprend d'une manière charmante. C'était un joli jeune officier d'un front superbe qu'une calvitie précocement menaçante laissait déjà tout à découvert, de traits délicats et mâles en même temps, d'une physionomie à la fois douce et peu endurante, d'un air juvénilement sentimental tempéré par je ne sais quelle ironie étouffée qui semble rire au fond de l'âme. Les yeux sont longs, profondément enfoncés sous des sourcils proéminens, ouverts comme avec peine, affectés d'un léger strabisme, tous signes manifestes de la myopie bien connue du futur maréchal. Ce qu'il était au moral, les extraits de ses cahiers de lecture que sa fille nous donne, un peu trop abondamment peut-être, sont là pour l'attester. Qui le croirait cependant? les habitudes studieuses dont témoignent ces cahiers lui avaient fait dans son entourage une réputation de rêveur impropre à la vie pratique. Il y avait notamment dans ce régiment de Royal-Champagne, où il servait comme lieutenant, un certain major, son propre cousin, qui, ne pouvant se figurer un officier français sous la forme d'un rat de bibliothèque, confiait sentencieusement à son carnet de poche ce pronostic fâcheux : « Notre petit cousin Louis lit les philosophes et n'entendra jamais rien à son métier. » On ne nous dit pas si ce juge pénétrant des caractères vécut assez pour entendre parler d'Auerstaedt, d'Eckmühl, de la retraite de Russie, de la défense de Hambourg ; mais voilà qui prouve une fois de plus que, si l'on tient à être apprécié de travers, on peut s'adresser aux siens en toute assurance.

Entré dans la vie avec la révolution, il en partagea tous les espoirs et, comme il était naturel à son âge, toute la première turbulence. Nous le voyons emprisonné à Arras en 1790 pour avoir protesté contre le renvoi de trente cavaliers de son régiment pour cause d'opinion. Bientôt remis en liberté, il vécut dans la retraite jusqu'en 1792, où nous le trouvons enrôlé volontaire et commandant le 3me bataillon de l'Yonne. Un peu plus d'un an après, vers la fin de 93, il donnait spontanément sa démission et allait partager la prison de sa mère, arrêtée pour correspondance avec certains émigrés. Parmi ces incidens de la vie de jeunesse de Davout, il en est un qui doit nous occuper particulièrement, son rôle comme commandant du 3e bataillon de l'Yonne. Sur ce sujet nous avons les renseignements les plus directs, les plus abondants et les plus authentiques, la série même des rapports adressés par le jeune officier aux administrateurs de son département. Ils sont singulièrement curieux ces rapports, moins encore pour les faits qui s'y rencontrent, — et ces faits ont cependant leur importance, — que parce qu'ils nous permettent de mesurer avec la plus extrême exactitude le degré thermométrique des passions républicaines de Davout pendant les deux terribles années qui suivirent la chute de la monarchie. Ces passions, il faut le dire, sont portées au plus haut degré de chaleur et d'énergie. Nous apprenons par ces rapports que Louis Davout fut adversaire ardent de la politique des girondins, et qu'il n'avait pas attendu pour se prononcer à cet égard que la fortune se fût déclarée contre cet infortuné, mais coupable parti.

Les conspirateurs de l'intérieur et les ennemis déclarés de la république, écrit-il le 2 juin 93, trouveront toujours le bataillon sur leurs pas prêt à s'opposer à leurs infâmes projets. Car notre patriotisme n'est point équivoque ; il n'est point de circonstance; nous sommes et nous mourrons, telle chose qui arrive, républicains. L'âme de Pelletier est passée dans les nôtres ; c'est assez vous dire quelles sont nos opinions et quelle sera notre conduite dans la crise où peut-être va nous plonger de nouveau une faction qui cherche à mettre la guerre civile entre les départements et Paris. Nous espérons qu'aucuns de nos concitoyens ne se laisseront égarer par la perfide éloquence de quelques-uns de ces agents républicains. Déployez toute votre énergie, elle est plus que jamais nécessaire ; surveillez tous ces Tartufes modérés, ces hommes suspects ; surveillez-les de si près qu'ils perdent dès ce moment l'espoir de réaliser leurs infâmes projets.

Ces lignes, disons-nous, sont écrites du 2 juin 93, c'est-à-dire au moment même où s'achevait à Paris la révolution commencée le 31 mai. Comme il était à peu près matériellement impossible que la nouvelle en fût arrivée au camp sous Cambrai, où se trouvait alors Davout, il faut en conclure que les sentiments dont elles témoignent n'ont rien dû aux circonstances et étaient chez lui de plus ancienne date. Ennemi déclaré de la gironde, faut-il admettre pour cela qu'il fût partisan de la montagne? Nous croyons plutôt qu'il faut dire qu'il fut en tout temps partisan déclaré de l'unité de pouvoir et de la prépondérance de l'état? Nous en avons pour preuve une lettre écrite peu avant l'émeute du 1ᵉʳ prairial 95 à son compatriote Bourbotte, qui, comme on le sait, paya de sa vie, en compagnie de Romme, Ruhl, Soubrany et autres, cette tentative de résurrection terroriste. Cette lettre, connue depuis longtemps, est fort belle, et Davout s'y montre aussi tiède pour la montagne que nous venons de le voir ardent contre la gironde. Ce qui lui déplaît visiblement avant tout, c'est l'esprit de secte dans lequel il voit un agent d'anarchie et de guerre civile, et un obstacle malfaisant à l'établissement d'un gouvernement vraiment national qui ne tienne compte que de la patrie.

Et dans son ardeur antigirondine de 93, et dans ses répugnances antijacobines de 95, on sent également l'élément premier de l'opinion qui allait se former dans les camps aux dépens de tous les partis, l'embryon de l'ordre futur dont il devait être un si ferme défenseur.

A la distance où nous sommes de ces formidables années, et de sang-froid comme nous le sommes, il est d'ailleurs fort difficile de se rendre un compte exact de l'influence que les événements dans leur rapidité vertigineuse exerçaient sur le langage et le ton des acteurs contemporains. Si les paroles que nous avons citées plus haut vous paraissent trop incandescentes, songez que la rédaction du rapport d'où nous les détachons a coïncidé avec la trahison de Dumouriez, que le jeune officier en a été témoin, qu'il s'est même mis à la poursuite du général fugitif, et que par conséquent elles ont été écrites sous le coup de l'indignation excitée par cette défection. Quelques lignes plus bas en effet nous trouvons les détails suivants sur cette poursuite jusqu'ici à peu près ignorée, mais qui appartient à double titre à la grande histoire, et parce qu'elle se lie à l'une des crises les plus importantes de la révolution, et parce qu'elle est la première apparition sérieuse de Louis Davout sur la scène de l'histoire. Davout s'excuse sur l'exigence de ses devoirs militaires du retard qu'il a mis à rendre compte aux administrateurs de l'Yonne de cette action dont la convention nationale les a déjà félicités, et fait suivre ces excuses de ce récit plein de véhémence juvénile :

> Un autre motif m'a empêché de vous donner des détails sur la fusillade de Dumouriez, le voici : c'est que j'eusse été obligé de blâmer la conduite de quelques individus qui ont fait manquer en partie le projet que j'avais conçu pour sauver la république de la crise où la jetaient les trahisons de ce monstre ; la vérité m'eût forcé de dire que si l'on n'avait pas ralenti l'ardeur des volontaires, si on n'avait pas crié en retraite, nous tenions Dumouriez ; son cheval avait été blessé sous lui, onze chevaux de sa suite étaient pris, l'Escaut était là qui lui fermait toute retraite, nous étions sur le point de le joindre puisque nos balles l'atteignaient, et c'est le moment que l'on a choisi pour crier en retraite ! Les volontaires ignorant ce qui se passait derrière eux n'ont pu faire autrement que d'obéir à cet ordre, et Dumouriez nous a échappé. J'en ai déjà dit plus que je ne voulais sur cette affaire, je laisse à ceux qui le voudront, au conseil d'administration, s'il le désire, à instruire nos concitoyens qui savent ceux qui, dans cette occasion et dans bien d'autres, ont bien mérité ou démérité de la patrie.

A la manière dont cette expédition est présentée, on voit que Davout la regarde comme son œuvre personnelle, qu'il avait engagé à sa réussite son jeune orgueil et l'honneur de son bataillon, et qu'il a ressenti comme une demi-trahison l'ordre fâcheux de retraite qui l'a fait échouer.

Ces rapports font mieux que nous révéler le Davout des premiers jours qui va mûrir si vite au feu des événements, ils nous donnent la clef du Davout véritable et définitif, de celui que l'histoire connaît seul. On y sent, même au milieu des illusions révolutionnaires, une âme opiniâtre avec feu, animée d'une légitime ambition, qui s'est sondée, a reconnu sa valeur, se sent sûre d'elle-même et ne permettra pas qu'on la méconnaisse. Ses moindres mots respirent une confiance invincible en ses facultés de commandement. Et ne croyez pas que cette effervescence républicaine lui fasse jamais oublier les lois de l'ordre nécessaire à toute armée. Ce n'est pas lui qui confondra jamais la liberté propre au soldat avec la liberté propre au citoyen. Dès le premier jour de sa vie militaire, il sait que la discipline est la condition essentielle de la guerre, et il s'applaudit de la trouver autour de lui stricte, sévère et acceptée comme légitime. « Non, citoyens, écrit-il dans un rapport daté du 4 septembre 1792, jamais vous ne verrez aucune délibération quelconque de la part de vos frères du 3ᵉ bataillon de l'Yonne, qui savent combien les délibérations des corps d'armée sont illicites et en même temps attentatoires à la liberté et à l'égalité. » C'est déjà le langage de l'homme qui, plus tard, dans un ordre du jour daté de Breslau, en 1807, prononcera ces remarquables paroles : « Bravoure et discipline, telles sont les bases de la morale du soldat. » Il sait aussi dès le premier jour que la probité est la vertu indispensable à toute administration militaire, et il est prêt à applaudir à toute mesure de sévère justice capable d'inspirer la terreur aux fripons et la confiance aux spoliés ou exploités. « Nous sommes maintenant occupés à débrouiller les finances du bataillon qu'une administration illégale de six semaines seulement a plongées dans un chaos qui, lorsqu'il sera débrouillé, mettra au grand jour le brigandage, et, suivant toute apparence, quelques individus qui se sont justement acquis la réputation de *lâches* pourront aussi fort bien mériter celle de *fripons,* ces deux qualités coïncidant parfaitement. »

Les talents militaires d'un homme de cet ordre n'étaient pas de ceux qui peuvent rester ignorés, pas plus que son caractère n'était de ceux qui se laissent dédaigner. Appelé au commandement d'une division dès 1793, il refusa cependant ce grade, ne se croyant pas l'expérience nécessaire pour l'occuper, et c'est avec le titre de général de brigade que nous le retrouvons, en 1795, à l'armée de Rhin-et-Moselle. C'est à cette époque qu'il se lia avec le général Marceau d'une amitié qui paraît avoir été des plus vives et des plus réciproques.

Une belle lettre, remplie d'expansion, de bonne humeur, et toute empreinte de cette fraternité républicaine qui régnait dans les armées d'alors nous en a conservé le témoignage. Les deux compagnons d'armes rêvèrent même, paraît-il, un instant, une intimité plus étroite encore : introduit par Davout au sein de sa famille, Marceau songea à épouser la sœur de son ami, Mlle Julie Davout, depuis femme du général comte de Beaumont. La mort arrêta ces projets en fleur, comme elle mit fin aussi à une autre illustre amitié, celle de Desaix, qui fut l'introducteur de Davout auprès de Bonaparte peu avant la campagne d'Égypte. Si, comme le veut un proverbe populaire, nous devons être jugés par nos amitiés, rien ne plaide davantage en faveur de l'élévation de nature et de la noblesse de sentiments de Davout que d'avoir su conquérir l'affection des deux plus pures gloires des armées républicaines.

Sur la campagne d'Égypte, les présents mémoires ne nous donnent qu'un seul document, une lettre du 18 nivôse an VII, datée du camp de Belbia et relative à la prise d'El-Arisch par le grand vizir; mais le récit que le jeune général y fait de cette affaire humiliante suffit pour révéler l'accent, ou mieux le *timbre* propre de cette âme en qui le mot de *lâcheté*, toutes les fois qu'il doit être prononcé, rend une résonnance extraordinaire. Pour Davout, ce mot exprime le crime entre tous ineffaçable. Dès sa première jeunesse, on a pu le voir par nos citations précédentes, ce sentiment était porté au plus haut point, en sorte qu'on peut dire que le mot sublime du matin d'Eylau fut, non l'heureuse inspiration d'une heure terrible, mais l'expression laconique de ce qui fut le catéchisme militaire de toute sa vie. Voici le récit de cette affaire, où, sans blâmer ouvertement le commandant de la place, le jeune général le stigmatise d'un dédain voilé en accolant à son titre militaire le titre de monsieur, comme César, un jour qu'il avait à se plaindre d'une légion, ne trouva pas de meilleur moyen d'en punir les soldats que de les flageller du nom de *quirites*.

Je vous invite, mon camarade, à me faire connaître ce qui pourra venir à votre connaissance sur l'armée du grand vizir, qui, comme vous en êtes sans doute déjà instruit, s'est emparé d'El-Arisch, le 9 de ce mois, après un siège de huit jours; mais son armée, au lieu d'exécuter la capitulation et de laisser sortir et retirer tranquillement sur Kadish les Français qui défendaient le fort, s'est rejetée sur cette malheureuse garnison, qui a été assassinée, à l'exception d'une centaine d'hommes que l'on a faits prisonniers. Un soldat de cette garnison, voyant cette infâme trahison, a été mettre le feu au magasin à poudre et a donné la mort, par ce généreux dévouement, à plus de deux mille de ces brigands qui, par leur conduite, ont appris à ceux d'entre nous qui seraient assez lâches pour se rendre dans les combats que nous pourrons avoir avec eux le sort qui nous est réservé.

Le chef de bataillon Grandpéré a été du nombre des assassinés; les Turcs ont poussé la cruauté, auparavant de lui couper la tête, jusqu'à lui faire faire plusieurs fois le tour du fort entièrement nu et en le frappant à chaque pas; quelques autres officiers des plus distingués de cette garnison ont eu un pareil sort. Le commandant de place, M. Cazal, n'a pas été assez heureux pour avoir ce traitement : il a survécu à son déshonneur.

Lorsque cet officier *a pris sur lui de capituler*, le fort était encore sans brèche, et il n'avait eu que vingt hommes tués ou blessés depuis le commencement du siège. Les Turcs n'auraient peut-être jamais pu parvenir à faire une brèche, puisqu'ils n'avaient que du 8, du 3 et du 5.

III

MARIAGE DE DAVOUT AVEC Mlle AIMÉE LECLERC. — Mme CAMPAN. — CARACTÈRE DE LA JEUNE MARÉCHALE.

Revenu en France avec Desaix après la bataille d'Héliopolis, Davout se trouvait marqué d'avance pour un des grands rôles du régime inauguré par le 18 brumaire. Dès le premier jour, Bonaparte eut les yeux sur lui et mit la main à sa fortune. Nous ne voulons pas parler seulement de tous les titres dont Davout fut investi successivement pendant les années du consulat, commandant en second de la garde des consuls, général de division, bientôt maréchal de France, mais d'une faveur tout autrement rare, qui montrait assez en quelle estime le nouveau maître de la France tenait le jeune soldat. C'est sous ses auspices et ceux de Joséphine que s'accomplit le mariage de Louis Davout avec Mlle Aimée Leclerc, et en parlant ainsi nous ne craignons pas de trop nous avancer, car nous avons pour nous l'autorité même du maréchal, qui, dans ses lettres intimes à sa femme, lui rappelle à vingt reprises différentes que c'est au premier consul qu'ils doivent leur heureuse union. Mlle Aimée Leclerc était la sœur du général Leclerc, premier mari de Pauline Bonaparte et par conséquent beau-frère du premier consul ; en favorisant cette union, Bonaparte rapprochait donc Davout de sa propre famille aussi étroitement qu'il pouvait en être rapproché, sans en faire directement partie, et semblait dire qu'il l'associait d'avance à toute la grandeur qu'elle allait atteindre. Mlle Aimée Leclerc, de son côté, était digne de cette union. Née d'une famille d'excellente bourgeoisie, qui allait devenir sous le consulat et l'empire une famille toute militaire, elle unissait à une rare beauté une grande fermeté de caractère et cette loyauté du cœur qui seule fait les tendresses sûres et sensées. Elle avait reçu la meilleure éducation qu'il fût possible de recevoir au sortir du grand déluge, éducation qui aurait suffi pour la mettre d'emblée au niveau de la haute fortune que cette union allait lui faire, quand bien même elle n'y aurait pas été préparée de longue date par les leçons d'une mère excellente, les exemples de la famille et les dons d'une nature foncièrement droite et sans petitesses d'aucune sorte. Son éducatrice mérite bien de nous arrêter un instant, car elle ne fut autre que la célèbre Mme Campan, l'ex-femme de chambre de Marie-Antoinette et l'auteur de curieux *Mémoires* pour lesquels nous demanderons la permission d'être moins sévère qu'on ne l'a été maintes fois.

Au sortir de la terreur, Mme Campan eut l'idée d'établir à Saint-Germain-en-Laye une institution pour les demoiselles, où elle pût sauver du naufrage de l'ancien régime ces principes de bonne éducation, ces traditions de politesse et ces méthodes de tenue correcte qui méritaient de lui survivre, en les modifiant légèrement pour les mettre au ton du jour. C'est dans cette institution que furent élevées à cette époque la plupart des jeunes filles de la haute bourgeoisie et de ce qui restait encore de noblesse en France. Mme Campan fut donc pour les hautes classes de la société française au sortir de la révolution à peu près ce qu'avait été, sous les dernières années de la monarchie, Mme de Genlis pour l'aristocratie libérale, et si l'empire put avoir une cour, c'est en partie à elle qu'il le dut. Cette personne, sinon supérieure, au moins peu commune, grâce à son institution, se trouva dès la première heure de la fortune de Bonaparte en relations presque intimes avec tous les membres de sa famille et de celle de Joséphine. Rien de plus étrange que d'entendre, dans les lettres qu'à cette date de 1800 elle adresse à son élève, Mlle Leclerc, l'ancienne femme de chambre de Marie-Antoinette nommer familièrement ces futures reines et ces princes en voie d'éclosion : « J'irai demain à Paris, et j'y verrai pour vous l'aimable Caroline et Hortense, » dit-elle dans une de ces lettres. Dans une autre elle invite Mme Davout et son mari à venir prendre dans son pensionnat un thé qui leur sera servi par les plus grandes de ses ex-compagnes, et ajoute : « Il n'y aura d'hommes que vos maris, Jérôme, Eugène et Henri. » Caroline est la future reine de Naples, l'épouse de Murat, Hortense la prochaine reine de Hollande, Eugène est le prince Eugène Beauharnais, Jérôme le futur roi de Westphalie. Quoi donc ! il n'y a pas plus de huit ans que Mme Campan vivait auprès de la reine Marie-Antoinette et de Louis XVI, et la société française a été à ce point renouvelée !

Connaissez-vous rien qui soit mieux fait pour donner avec plus de vivacité le sentiment que la figure du monde est dans un perpétuel changement, pour parler comme Bossuet après saint Augustin ?

C'est avec une parfaite justesse que l'éditeur des papiers de Davout dit de ces lettres de Mme Campan à son élève, qu'elles sont comme un trait d'union entre l'ancien régime et l'époque impériale ; cependant il faut bien vite ajouter que les affinités d'idées et de sentiments sont plus grandes avec l'empire qu'avec l'ancienne monarchie. Par sa naissance, Mme Campan appartenait aux classes nouvellement émancipées, et le ton de ses célèbres *Mémoires* nous dit asez qu'elle servit la famille royale avec fidélité plutôt qu'avec enthousiasme, et qu'elle observa les mœurs de l'ancien régime avec réserve et équité, mais sans engouement. Il y avait chez elle et chez les siens un certain fonds de libéralisme discret ; elle-même et Mme de Genlis se sont chargées de nous apprendre quel rôle son frère, le citoyen Genet, avait joué dans le parti d'Orléans ; quant à elle, elle ne trouva rien dans ses souvenirs qui pût l'empêcher d'applaudir au régime napoléonien et de le servir avec toute l'ardeur qui était compatible avec son humeur sensée. En lisant les lettres que nous présentent ces mémoires, il me vient à la pensée que l'influence qu'elle a exercée sur les générations de l'empire a été plus forte qu'on ne l'a dit et qu'on ne l'a su, et qu'on a attribué à de plus illustres une action qui lui appartient. On connaît les modes de costume, d'esprit, et j'oserai dire de cœur de l'époque impériale, les femmes *sensibles* et *essentielles*, la sentimentalité conjugale, la maternité attendrie, et d'ordinaire on en fait honneur à l'influence prolongée de Jean-Jacques Rousseau, mais on peut soutenir, sans amour aucun du paradoxe, que cet honneur revient bien plus directement à Mme Campan. Son originalité en matière d'éducation, c'est d'avoir donné à tout ce que lui avait appris l'ancien régime des formes et des couleurs bourgeoises. L'idéal de femme qu'elle avait conçu et qu'elle s'efforçait de façonner, était celui d'une ménagère femme du monde, qui vécût pour son mari sans l'enfermer dans son amour comme dans une solitude, et qui fît profiter son intérieur de toutes les élégances et de toute l'animation qu'exige la vie mondaine. Écoutez plutôt ces conseils à son élève et cette esquisse de la femme selon ses préférences :

Vous allez être une de celles qui réaliserez ce qu'on a caractérisé de *ma chimère,* occupée de convenir à tout le monde et de faire le bonheur d'un seul ; soignée dans les moyens *décents* de plaire, mais pour donner uniquement à son mari le plaisir d'avoir une femme aimable. *Une bonne tête unie à un bon cœur sont nécessaires pour savoir bien aimer et pour aimer constamment.* Croyez-vous qu'un mari puisse être jamais infidèle, quand il trouvera réunis dans sa femme de la grâce et de la simplicité dans les manières, du goût dans sa parure, mais de la modestie dans la mise et de l'économie dans la dépense ; quand elle aura le matin veillé aux plus petits détails d'ordre dans sa maison, inspecté jusqu'à la propreté qui y est nécessaire, et que le soir elle recevra ses amis avec empressement, égards et politesse ; quand elle entretiendra son jugement par des lectures utiles, et partagera son temps entre l'aiguille et le crayon ; quand elle n'aura jamais de caprices, connaîtra les prérogatives des hommes et se réservera seulement le droit modeste et aimable de la représentation ? Il faudrait rencontrer un être odieux pour n'être pas sûre de son bonheur.

Est-ce qu'à la lecture de ce portrait sensé et aimable vous ne voyez pas apparaître l'image d'une grande dame du temps de l'empire dans un intérieur à la fois somptueux et ordonné, sans fouillis et sans nudité, revêtue du costume décent et défavorable à la beauté qui était alors à la mode : corsage montant, jupe longue et traînante, manches plates, ceinture marquée trop haut de manière à faire ressortir davantage les signes des fonctions maternelles que les élégances de la forme. Une vision qui attendrit plus qu'elle ne fascine et qui appelle l'estime plus qu'elle ne provoque la séduction !

Mlle Aimée Leclerc, la future princesse d'Eckmühl, était extrêmement belle, d'une beauté imposante et fière qui la sacrait pour les pompes des fêtes royales et dont nombre de contemporains ont pu admirer jusque dans ces dernières années les superbes vestiges. Nul mensonge dans cette beauté, qui tenait non à ces charmes passagers destinés à s'évanouir avec les années, mais à ce qu'il y a dans l'être humain de plus indestructible, c'est-à-dire la forme et la structure même. Comme sa belle-sœur la future princesse Borghèse, la nature l'avait créée avec une franchise exempte de toute mièvrerie et une correction pleine de magnificence. Nous ne craignons pas d'appuyer sur cet aimable sujet, car, si la beauté sous tous les régimes a toujours eu une influence sociale considérable, elle eut sous le régime consulaire une importance de premier ordre et fut pour ainsi dire un des instruments politiques du nouveau régime. Ce n'était pas sans arrière-pensée personnelle que Bonaparte s'occupait de marier ses lieutenants et qu'il leur voulait des compagnes dignes d'eux; mais il faut convenir que cette arrière-pensée avait sa grandeur. Vous rappelez-vous cette première scène des

4.

mémoires de Consalvi, envoyé par le pape Pie VII comme négociateur du concordat auprès de Bonaparte? Il arrive aux portes d'un palais entouré de gardes en grand uniforme, traverse de vastes salles où partout l'image de la puissance militaire s'impose à ses regards, et lorsqu'enfin une dernière porte s'est ouverte et qu'une dernière tenture est tombée, il est ébloui par le plus inattendu des spectacles, le premier consul siégeant comme un roi au milieu de sa famille, de ses généraux reluisants de l'or de leurs costumes, et de leurs femmes étincelantes de bijoux et de pierreries. Il avait cru être envoyé chez une nation veuve de toutes ses splendeurs, et il tombait au milieu d'une cour aussi magnifique par la pompe et plus séduisante par le choix des personnes, toutes saisies par la grandeur dans la fleur même de leurs années, qu'aucune de celles que ses yeux avaient jamais vues. Le service que l'incomparable artiste politique demandait à la jeunesse et à la beauté, c'était de montrer à l'Europe, après la grande tourmente, le miracle d'un printemps social qui fût la justification visible de la prétention qu'affichait la France de s'être renouvelée par la révolution. Le renouveau était là évident dans ces fiers jeunes gens revêtus de l'uniforme, et dans ces femmes toutes brillantes de grâce et d'élégance. Il fallait qu'on sût que cette France ne s'était pas tellement décapitée elle-même qu'elle ne fût désormais que le séjour de la tristesse, de la laideur et de la médiocrité. « Nous avions toutes vingt ans, et ils avaient tous trente ans, » disait un jour devant nous la maréchale d'Eckmühl, repassant le souvenir de ses jeunes années. Quelques semaines après, nous lisions les mémoires de Consalvi et nous comprenions toute la portée de ces mots si simples.

Si le premier consul avait trop compté sur les services de représentation officielle que cette belle personne pouvait rendre à ses réceptions et à ses fêtes, il dut éprouver quelque désappointement. La maréchale, on le voit par ses lettres intimes, ne goûtait que médiocrement les fatigants plaisirs du monde, et s'abstenait d'y paraître autant qu'elle pouvait. Elle préférait la tranquille existence de son Savigny, même avec un peu de solitude, à toutes les pompes de la cour. Embellir cette noble demeure, en diriger les constructions et les plantations, surveiller sa laiterie, ses moulins et sa basse-cour étaient son occupation favorite; pour elle, ces soins de ménagère étaient tout plaisir, et le reste était tout corvée. Les simples visites semblent avoir été pour elle une charge trop lourde; il n'y a pas pour ainsi dire une lettre de son mari qui ne fasse foi de cette disposition qui le contrariait vivement, et souvent même l'affligeait. A chaque instant, il la rappelle à ces devoirs d'étiquette dont leur position commune lui fait une loi. « Es-tu enfin allée voir Mme Bonaparte, va donc voir Mme Bonaparte, je te recommande instamment d'aller chez Mme Bonaparte, » est le refrain presque obligé de chacun de ses billets. Il est aisé de voir à cette insistance que le maréchal craint les impressions défavorables que ces lenteurs de sa femme peuvent créer chez le premier consul et chez Joséphine, et les situations embarrassantes où cette circonstance peut le placer.

A bien y regarder, on aperçoit autre chose peut-être que l'ennui du monde dans ce peu d'empressement de la maréchale, et cette autre chose est, croyons-nous, la quasi-parenté qui l'unissait à la famille du premier consul, et plus tard de l'empereur, et qui était faite pour rendre les relations souvent difficiles et toujours délicates. Dans une telle situation, la susceptibilité s'effarouche plus aisément, la timidité redouble, l'imagination s'exagère le plus mince incident, et l'on trouve de la froideur dans le moindre geste, de la défaveur dans le moindre regard, de l'indifférence dans le plus court silence. Nous voyons que la maréchale avait été plusieurs fois affectée de l'attitude de Joséphine à son égard. S'il y avait eu en effet quelques froissements, il ne faut guère en chercher la cause que dans certains incidents qui étaient nés de cette quasi-parenté. La maréchale Davout était la sœur du général Leclerc, et elle avait pour ce frère si prématurément enlevé une affection des plus profondes. Peut-être le second mariage de Pauline Bonaparte succédant si vite au premier lui fut-il une blessure trop sensible pour qu'elle réussît à la cacher, et peut-être cette piété fraternelle mal dissimulée fut-elle prise avec déplaisir par la famille consulaire. Qu'il y ait eu en tout cas certaine piqûre qui ait été ressentie vivement par Pauline Bonaparte, et par suite par son entourage, cela n'est pas douteux, car une lettre du maréchal nous apprend que sa femme avait eu à se plaindre de procédés inconvenants de la part du prince Borghèse pendant une visite à Savigny. Cette piqûre d'ailleurs n'était pas précisément une de ces *misères* pour lesquelles les femmes se brouillent entre elles, selon un mot philosophique de Thiers à propos de je ne sais quelle querelle entre femmes de la cour impériale. Pauline avait un fils du général

Leclerc, un fils bizarrement nommé Dermide par le premier consul par suite du goût non moins bizarre qu'il afficha toute sa vie pour les poèmes d'Ossian, goût dans lequel, pour le dire en passant, il nous a toujours paru que la politique avait plus de part que le sentiment littéraire. La maréchale voulut retenir auprès d'elle l'enfant de son frère et fit à cet effet à plusieurs reprises des démarches auprès du premier consul, qui parut un moment disposé à consentir, mais finit par laisser l'enfant à sa mère. Le petit Dermide accompagna donc Pauline Bonaparte à Rome dans la demeure des Borghèse; un an après il était mort, ce qui fut pour la maréchale un grand chagrin en même temps qu'une justification de ses trop légitimes appréhensions. Cet événement n'était pas pour la guérir de son éloignement pour les pompes officielles; on en eut une preuve à ce moment même. Lorsque le consulat céda la place à l'empire, la maréchale Davout fut désignée pour faire partie de la maison de l'impératrice mère, sur la demande même de Mme Lætitia. Cette faveur assujettissante fut reçue avec désespoir par la maréchale, et cette fois avec un profond ennui par Davout, qui la laissa libre de faire à sa volonté, en lui conseillant cependant d'accepter pour ne pas paraître agir par égoïsme et s'attirer le reproche d'ingratitude. La maréchale suivit le conseil de son mari, mais à la première occasion elle prétexta son état de santé et se démit de sa charge. Que cette retraite ait été mal prise par l'empereur, qui, comme on le sait, aimait peu qu'on se dérobât à ses volontés, cela n'a rien d'inadmissible, et qui nous dit que ce n'est pas dans les incidents que nous venons de passer en revue qu'il faut chercher une des causes de cette froideur dont l'auteur de ces mémoires l'accuse envers le prince d'Eckmühl? C'est là sans doute une cause plus mesquine que la victoire d'Auerstaedt et les vues prêtées à Davout sur la Pologne, mais l'histoire du verre d'eau de la reine Anne est de tous les temps, et nous croyons fort qu'elle a joué un rôle considérable dans les rapports de ces deux grands hommes d'action.

IV

LE GÉNÉRAL LECLERC. — DAVOUT A L'ARMÉE D'ITALIE.

Parmi les documents rassemblés dans ces nouveaux mémoires nous trouvons une longue correspondance de la famille Leclerc, dont la partie la plus intéressante revient, cela va sans dire, à l'individualité la plus remarquable de cette famille, l'infortuné mari de Pauline Bonaparte. Ces lettres adressées de Saint-Domingue, tant à son beau-frère Davout qu'à son beau-frère le premier consul, et aux ministres de la guerre et de la marine d'alors, écrites d'un excellent style militaire, où la correction ne nuit en rien à la vivacité, sont d'un effet dramatique saisissant. C'est l'appel d'un naufragé, luttant contre toute espérance et employant ses dernières forces à faire des signaux de détresse à un heureux navire qui vogue sous un vent favorable, pavillon déployé, trop loin de lui pour le voir et l'entendre. Le vulgaire proverbe que les absents ont tort reçoit ici une effroyable justification. « Depuis le 21 germinal, écrit Leclerc au ministre de la marine, je n'ai reçu aucune lettre de vous. J'ai correspondu avec vous très exactement, et vous ne répondez à aucune de mes lettres; l'abandon où vous me laissez est cruel. Je vous demande des effets d'hôpitaux, d'artillerie... rien! pas une de vos lettres ne me dit si le gouvernement était satisfait de ma conduite; on a besoin d'encouragement dans la position où je me trouve. » — « Nos hôpitaux sont toujours encombrés, écrit-il au premier consul à la date du 14 thermidor an x, mes généraux de division sont tous au lit, et la majeure partie de mes généraux de brigade; mon ordonnateur est très malade et mon administrateur est assez mal. Les employés et officiers de santé sont morts en grande partie. La marine est écrasée. La maladie fait des ravages affreux à bord des bâtiments. Je serai sans argent et ce n'est que les douanes qui me rendent six cent mille francs par mois. ». — « La position n'est pas bonne, mon cher Davout, — écrit-il le 5 vendémiaire de l'an xi, avec ce reste d'espérance que l'on voit parfois aux agonisants à leurs suprêmes minutes, — mon armée entière est morte ou mourante; tous les jours on vient tirer à mes oreilles au Cap, et je ne puis que repousser les coquins et rester sur une défensive pénible... Je vous embrasse ainsi que ma chère sœur. *Je serai avec plaisir le parrain de votre fils.* » Mélancoliques paroles quand on songe à la fin si prochaine, et dont l'accent de confiance est plus lugubre qu'un tocsin d'agonie! On ne peut s'empêcher de trouver réellement barbare de la part du premier consul l'abandon de ce beau-frère si dévoué, qui, lorsqu'il apprend la nouvelle de la transformation du pouvoir consulaire en 1802, fait taire un instant toutes ses inquiétudes pour lui adresser, en son nom et au nom de l'armée de Saint-Domingue, une adresse de félicitations enthousiastes, et qui, au milieu de sa suprême détresse, écrit à Davout ces lignes, où respire tant d'affectueuse admiration pour l'ingrat dominateur : « Adieu, mon cher Davout; plaignez-moi : depuis mon départ de France, je suis constamment à la brèche; que dis-je? félicitez-moi d'être à même de donner au premier consul de grandes marques de dévouement et de justifier sa confiance. »

Cet abandon, si cruel qu'il soit, ne nous semble pas cependant motiver l'hypothèse de préméditation criminelle que l'éditeur de ces documents ne craint pas d'émettre à l'égard du premier consul. En dépit des actes coupables que l'on peut lui reprocher, nous nous refusons à reconnaître la nature de Bonaparte dans un projet aussi pervers que celui d'envoyer son beau-frère au-devant d'une mort certaine. Il y a bien de la finesse et bien de la vérité dans ces mots par lesquels Mme de Blocqueville essaie de préciser la vraie nature de son accusation : « Il y a des énormités que l'on commet sans consentir à en avoir conscience, car on n'oserait certainement pas les accomplir si on les regardait bien en face; » mais, même avec cette atténuation, nous repoussons une telle hypothèse. Le machiavélisme de Bonaparte, — il en eut un, — fut un machiavélisme de tête, qui, il faut le dire à sa louange, ne descendit jamais dans son cœur, et qui, tout en le rendant capable d'une certaine jactance d'inhumanité, ne se traduisit jamais par de froides méchancetés ou des noirceurs de parti pris. Pour être juste à cet égard pour Bonaparte, il faut toujours se rapporter à cette parole d'un vrai libéral, Sismondi, dans une de ses lettres à la comtese d'Albany : « J'ai l'expérience de l'histoire, et je vous déclare que je n'y ai jamais rencontré de fondateur de dynastie ou de gouvernement qui ait moins versé le sang par politique. » Ce jugement nous paraît l'équité même; tenons-nous-y jusqu'à révélation du contraire, car l'impartiale histoire n'a pas la complaisance des passions et ne se paye pas d'hypothèses.

A l'époque de son mariage, 1801, Davout était général de division, commandant la cavalerie de l'armée d'Italie, et c'est en cette qualité qu'il prit part à la bataille de Marengo. Parmi les papiers qui se rapportent à cette époque, nous trouvons une pièce singulièrement caractéristique en ce qu'elle témoigne ouvertement, et cette fois sans réserve ni réticence, de cette confiance invincible en lui-même que nous avons déjà notée comme un des traits les plus essentiels de Davout. C'est une pièce adressée de Milan, à la date du 19 thermidor an VIII, au ministre de la guerre, et relative à certains arrêtés de l'autorité militaire supérieure qui scindaient le commandement dont il avait été investi; la pièce vaut d'être citée tout entière, tant elle donne le *ton* juste de cette âme née pour le commandement :

> J'ai l'honneur de vous rendre compte que je suis arrivé depuis le commencement de ce mois à cette armée, et que l'arrêté qui me donne le commandement de la cavalerie n'a eu son exécution qu'en partie.
>
> L'intention primitive du général Masséna a été de l'exécuter, mais le général Laboissière, à qui le général

en chef avait déjà donné le commandement, a représenté qu'il était très ancien général de division. Le général Masséna a adopté un tempérament auquel j'ai cru devoir me soumettre en ce qu'il a l'air de reconnaître l'arrêté du gouvernement qui me concerne et de lui obéir. Il a donné au général Laboissière le commandement de la réserve de cavalerie, composée de la grosse cavalerie de l'armée. Ce général ne doit correspondre qu'avec le général en chef; cependant en ligne je commanderai toute la cavalerie ; hors cette circonstance, je ne commande que les hussards, chasseurs et dragons.

Il ne m'appartient point, citoyen ministre, d'examiner si ce tempérament peut être nuisible au service, j'ai accédé par les raisons que je viens de déduire. J'avais observé au général en chef que, s'il tranchait et exécutait à la lettre les ordres du gouvernement, il pouvait être tranquille sur les obstacles d'obéissance qu'il prétendait que j'éprouverais, que tous les petits moyens de la jalousie et des autres petites passions m'étaient très indifférents, et que, *dans vingt-quatre heures,* une fois mis en possession du commandement, *tout le monde aurait obéi;* et que, depuis que je connaissais quelque chose à ce que c'était que le commandement, j'avais bien su mépriser toutes ces misères et utiliser les hommes selon le talent.

V

DAVOUT ÉPOUX. — CARACTÈRES DE SON AMOUR POUR LA MARÉCHALE.

La correspondance du maréchal Davout avec sa femme remplit à peu près tout le deuxième volume de ces *Mémoires*. Elle va de 1801 à la fin de 1810, embrassant ainsi le commandement de l'armée du Nord pendant les années du consulat, — poste difficile qui lui fut assigné aussitôt après son mariage et où il rendit à Bonaparte de si utiles services —, Austerlitz, Auerstaedt et la guerre de Prusse, Eylau, le commandement de Pologne en 1807, et enfin cette mémorable campagne de 1809, où il marcha par une suite de combats terribles à cette sanglante bataille de deux jours qui lui valut son second titre, harcelant et étreignant pour ainsi dire la fortune de son poignet de fer pour qu'elle lui livrât la victoire qu'il réclamait d'elle, c'est-à-dire la série entière des années radieuses, sans jours sombres, sans gloire ingrate comme le seront les années qui vont suivre. On se tromperait cependant beaucoup si l'on croyait que c'est le grand homme de guerre que ces lettres mettent particulièrement en lumière; assurément il n'en est pas absent, nous le verrons bientôt; mais ce n'est pas lui qu'elles sont avant tout ambitieuses de nous montrer, c'est un second Davout, plus inconnu de la postérité, l'homme privé, le chef de famille, le héros au repos pendant les rapides minutes de trêve que lui laisse l'action, cette maîtresse impérieuse de toutes ses heures. Arrêtons-nous donc devant ce second Davout, et voyons s'il ne justifie pas exactement le mot du père d'Henri Heine : « Heinrich, n'est-ce pas que c'était un aimable homme? »

L'étendue de cette correspondance, que nous sommes loin d'avoir tout entière (l'éditeur n'ayant pu nous donner que les lettres qui sont en sa possession ou qui lui ont été communiquées), suffirait seule à nous faire comprendre combien fut forte et soutenue cette affection conjugale. Davout est vraiment un modèle d'exactitude maritale; à peine se passe-t-il un jour sans qu'il écrive à la maréchale, à qui cependant cette ponctualité suffit à peine ; pendant les quatre années de commandement de l'armée du Nord surtout, où il était moins engagé dans le feu de l'action qu'il ne le fut à partir de 1805 et qu'on peut appeler les années de miel de ce mariage, les lettres pleuvent sans discontinuer d'Ostende et d'Ambleteuse sur l'austère demeure de Savigny, que les époux avaient acquise dès le début de leur union. Davout aime sa femme comme un bourgeois et comme un amant, c'est-à-dire avec familiarité et avec passion, mélange qui est peut-être la meilleure manière d'aimer et celle qui résiste le mieux à l'action du temps, l'universel destructeur. Rien de fardé ni d'artificiel dans cet amour, nul sacrifice aux conventions du monde, nul souci des formes aristocratiques et de cette politesse conjugale mise à la mode par l'ancienne société, instrument prétendu de mutuel respect et trop souvent en réalité actif agent de création de ce mur de glace qui s'élève si rapidement entre les cœurs les mieux épris. Oserai-je dire qu'il a encore une troisième manière de l'aimer, beaucoup plus inattendue que les deux premières? Aurait-on jamais imaginé un Davout jeune premier, amoureux comme un enfant libre de toute autre préoccupation que a poursuite de son bonheur, et trouvant sans recherche pour exprimer ses sentiments les *concetti* les plus ingénieux, et les motifs les plus heureux de sonnets à la française et de *lieds* à l'allemande? cependant ce Davout a existé en toute vérité. Il aime en poète, et comme on ne nous croirait pas sans preuves, nous allons en demander quelques-unes à cette correspondance, où elles abondent.

« Je m'attends à bien des questions, écrit-il dans une de ses lettres de 1801, pour savoir d'où je tiens ces particularités. C'est que je suis avec toi en intention, en esprit. Mon corps est resté à Bruges, j'ai envoyé le reste à Paris. *Ce sont des espions qui ne te quittent pas*, et qui toutes les nuits me font de fidèles rapports ; oui, ma petite Aimée, toutes les nuits ils me parlent de toi. » N'est-il pas vrai qu'il y a dans ces lignes la matière d'une jolie chanson d'amour à la manière de Heine, et de fait il nous semble qu'il s'en trouve une sur un motif analogue dans l'œuvre du nerveux poète. « Je t'assure, ma petite Aimée, que, pour peu que tu continues, je ferai de toi une petite Amazone. Comment! *tu ne veux pas douter de la fortune pour en obtenir plus souvent les faveurs!* Mais tu connais donc le secret de notre état? Ce sont ceux qui mettent cette théorie en pratique qui sont les braves par excellence. » C'est le style même que l'on pourrait supposer à Othello écrivant à Desdémone, et

Davout, sans y songer, s'est rencontré dans cette phrase avec le grand poète anglais, tant la petite Amazone semble une traduction libre de *la belle guerrière* du Maure amoureux. « Malgré mes occupations, dit-il après une légère querelle que lui avait cherchée la maréchale, il faut que je trouve le temps de m'entretenir avec toi ; à la fréquence de mes lettres, tu dois voir que cela m'est nécessaire pour supporter ton absence... Aimée, je t'écrirais des sottises que cela ne doit te toucher qu'un moment, parce que cela ne tient ni au cœur ni à la tête... Voilà assez de métaphysique de sentiment, je ne te fais pas l'injure de croire que tous ces raisonnements t'étaient nécessaires pour apprécier l'âme de ton petit Louis; *elle est toute de feu pour mon Aimée, et les mille baisers que je t'envoie t'assurent de cet élément.* » D'aucuns trouveront peut-être dans ces lignes l'accent du dernier siècle finissant, et il y est en effet, car n'est-il pas vrai qu'on ne s'étonnerait pas de les trouver au bas de quelqu'une des lettres de Mirabeau à Sophie, voire même, en changeant le sexe, de M{^{lle}} de Lespinasse à M. de Guibert? Ce qui est certain toutefois, c'est que cette marque est inconsciente et qu'en dépit d'elle le sentiment garde toute sa spontanéité.

Que dites-vous encore de l'amusante anecdote de volière que voici : « Je ne croyais pas, ma petite Aimée, qu'il pût se trouver quelque circonstance où il fût, sinon permis, au moins excusable de battre sa moitié. Cependant tu prends tellement le parti du pauvre faisan qui, se voyant frustré dans ses espérances de se reproduire, est entré en fureur contre sa femme et s'est porté à des extrémités telles que la pauvre malheureuse eût succombé sans tes secours et ton intervention, tu prends tellement, dis-je, le parti du faisan que l'on pourrait croire que tu approuves sa brusquerie. Je ne partage pas ton indulgence pour le faisan, ma petite Aimée : les maris doivent dans des circonstances pareilles consoler leurs femmes, toujours plus sensibles et par conséquent plus affligées de ces malheurs. » Ou nous nous trompons fort, ou cela est par le ton, l'enjouement, la moralité piquante, de la meilleure plaisanterie française. Notez pour plus de saveur que cette moralité est une gracieuse leçon conjugale indirectement adressée à la maréchale, qui se désespérait de ne mettre au monde que des filles et avait laissé percer plusieurs fois la crainte que cette circonstance ne refroidît pour elle son mari, soupçon que Davout avait repoussé avec tendresse en assurant sa femme que les filles qu'elle lui donnait lui seraient aussi chères que des garçons. Nous pourrions multiplier nos citations, mais il faut se borner, et celles que nous venons de donner suffiront sans doute pour montrer que ce soldat sévère savait se dérider en face des siens et leur présenter un tout autre visage que celui dont il regardait l'ennemi.

Ce n'est vraiment pas assez que de dire, comme nous venons de le faire, qu'aimer en bourgeois et en amant est la meilleure manière d'aimer, nous devrions dire que c'est la plus complète, car c'est la seule qui embrasse l'être aimé dans son intégrité, corps et âme à la fois. Davout nous en est un exemple. Comme il aime sa femme en bourgeois, sa tendresse est minutieusement inquiète de tout ce qui regarde son bonheur matériel, et comme il l'aime en amant, elle est soucieuse à l'excès de tout ce qui peut lui conserver son bonheur moral. Aux plus longues distances et dans les moments les plus critiques, il voit par les yeux du cœur les nécessités de son ménage, non seulement dans les lignes principales, mais dans les plus menus détails ; il multiplie les combinaisons pour alléger à sa femme le double fardeau que lui fait leur existence divisée, et pour ménager son repos en la rassurant sur la dépense. D'ordinaire c'est le mari qui est obligé de rappeler sa moitié aux règles de la bonne économie domestique ; ici, au contraire, c'est lui qui stimule la femme à ne respecter ces règles que juste autant qu'elles ne seront pas contraires à l'agrément de sa vie. Il la presse, autant qu'il est en son pouvoir, de prendre sa part des plaisirs du monde, de ne pas s'ennuyer à la campagne, de louer un hôtel à Paris et d'y fréquenter les réunions agréables et les spectacles.

« J'ai vu avec peine, ma chère Aimée, que tu as rejeté ma proposition d'employer l'argent du bien d'Italie à t'acheter des diamants, » écrit-il, en 1802, époque à laquelle sa fortune n'était encore qu'à ses débuts et où il l'avait grevée d'avance par la lourde acquisition de sa terre de Savigny ; mais il venait alors de perdre son premier enfant, et toute considération d'économie disparaissait devant le désir de créer une diversion à la douleur de sa femme. « Je ne suis pas du tout de l'avis de la petite Aimée sur l'emploi qu'elle fait de son argent, écrit-il un an plus tard ; en le mettant à se donner ce qu'elle appelle des chiffons, elle m'eût fait bien plus de plaisir qu'en l'employant à me donner des *surprises*. J'ai cherché à deviner ce qu'elle me préparait, mais en vain. Pour en revenir aux chiffons, ils sont nécessaires, ma bonne amie, ne les néglige pas trop. Je sais bien que ta figure, ta tournure n'en ont pas besoin, mais ils sont reçus dans le monde, et, je t'en conjure, pense un peu à toi. »

Ne pouvant réussir à donner à sa femme des goûts mondains, il ne veut au moins laisser échapper aucune occasion de la flatter dans ceux qui lui sont particuliers. Il sait qu'elle aime son jardin, et il lui envoie de Belgique des oignons de tulipes et de renoncules ; il sait qu'elle aime son rôle de ménagère, et il lui envoie d'Allemagne du linge de Saxe. Il est d'autres soins de nature moins matérielle qu'exigent les bons mariages, et Davout s'en acquitte avec un tact parfait. Mille inquiétudes, et quelques-unes de nature bien cuisante, obsèdent l'imagination de Mme Davout toujours séparée de son mari. Depuis la fable antique de Vénus et de Mars, les femmes aiment les victorieux ; et Davout, elle le sait, n'est pas de ceux qui sont faits pour être à l'abri des provocations de la beauté. Bonaparte n'a-t-il pas eu la cruauté de lui faire certaines plaisanteries sur les belles dames de Gand à son retour de Belgique ? Joséphine n'a-t-elle pas vu le général rire avec une jolie personne et ne l'a-t-elle pas menacé d'en prévenir sa femme ? Pendant qu'elle varie ainsi de vingt manières diverses le mot du pigeon de La Fontaine : *L'absence est le plus grand des maux,* Davout met toute son âme à l'assurer qu'il ne méritera jamais du moins qu'elle lui applique le vers suivant de la fable : *Non pas pour vous, cruel !* Il marche droit à ces fantômes de jalousie, les dissipe, et l'apaise par des serments d'invariable affection dont le ton de loyauté indique qu'ils méritent d'être crus. S'il reçoit quelquefois des reproches, Davout n'en adresse jamais à sa femme, et c'est en cela peut-être que se montre le mieux toute la délicatesse de cet amour. Il y avait cependant un sujet qui aurait justifié ses plaintes, la négligence de sa femme à cultiver ses rapports d'amitié et de parenté avec la famille consulaire, négligence qui, nous l'avons vu, lui avait été très sensible. Plus d'un mari en pareil cas se croirait autorisé à reprocher à sa femme les difficultés de situation où cette négligence pourrait le mettre, les obstacles ou les retards qu'elle pourrait apporter à sa carrière, les mécomptes qu'elle pourrait faire subir à son ambition, et ces reproches ne paraîtraient ni injustes ni mal fondés. Davout évite cependant d'en exprimer aucun, et le seul blâme qu'il inflige à cette négligence est la prière mainte fois répétée de ne pas la faire dégénérer en ingratitude.

VI

DAVOUT FILS ET FRÈRE. — SON ATTITUDE VIS-A-VIS DE SA FAMILLE.

La même bonté éclate dans ses rapports avec tous les siens, mais avec cette nuance fort curieuse à noter qu'il n'eut jamais avec aucun d'eux la familiarité que nous venons de lui voir avec sa femme. Ce n'est pas qu'il les aime moins, mais il les aime autrement. Même avec ceux qui lui sont le plus proches par le sang le tutoiement est banni ; pour sa mère il montre une tendresse profondément respectueuse, pour ses frères une amitié protectrice pleine de générosité. On pourrait dire avec exactitude que Davout aima ses proches avec les formes de l'ancienne société, et qu'il aima sa femme avec l'expansion ennemie de la contrainte qui caractérise l'esprit nouveau. Cette différence dans les formes de l'affection est toute à l'honneur de l'homme qui su la comprendre. La seule bonne manière d'aimer ses parents sera toujours, en effet, de les aimer à la façon de l'ancien régime, c'est-à-dire avec déférence, retenue et respect, et la manière la moins périlleuse d'aimer sa femme sera toujours de l'aimer avec une vivacité assez intime pour écarter toute froideur. La générosité dont cette correspondance, tant avec sa mère et ses frères qu'avec sa femme, donne un si grand nombre de preuves, montre bien d'ailleurs que cette absence de familiarité n'impliquait pas une diminution d'affection. Dès qu'il eut conquis à la pointe de son épée sa magnifique dotation de Pologne, il s'empressa d'associer tous ceux qu'il aimait à son opulence.

Il est bien juste, ma chère mère, écrit-il en 1808, que vous vous ressentiez de la grande fortune que je tiens de l'empereur. Je prendrai des arrangements aussitôt après ma rentrée en France pour que vous puissiez vous en ressentir et établir vos dépenses en conséquence; en attendant je vous enverrai de temps à autre quelques fonds. Vers la fin de ce mois, ou dans le courant de l'autre, je vous ferai passer 12 ou 1,500 francs ; je vous prierai de donner sur cette somme de 2 à 300 francs à cette pauvre Fanchonnette (sa nourrice). Il n'est pas en mon pouvoir de lui rendre ce qu'elle a perdu, mais assurez-la que je lui donnerai des secours et que j'aurai soin de son aîné.

Alexandre m'a fait part de vos projets de mariage pour lui. Connaissant l'amitié que je lui porte, vous ne pouvez douter du désir d'une réussite, si la jeune personne, aux conditions de la fortune qu'elle a, joint de bonnes qualités physiques et morales ; mon amitié pour mon frère ne peut consister en des mots, et je me regarderais comme un très mauvais frère si, malgré que je ne tienne pas la brillante fortune que j'ai d'héritage, mais des bienfaits de mon souverain, je ne faisais rien que des vœux pour l'établissement d'Alexandre. Je vous autorise à annoncer que je m'engage à lui donner 100,000 francs ; je payerai la moitié au moins de cette somme comptant ; quant à l'autre moitié, les intérêts jusqu'au remboursement qui aura lieu au plus tard dans les deux ans. Indépendamment de cet avantage, vous pouvez lui donner et je vous autorise à lui céder tous les avantages que vous m'aviez faits pour mon mariage, c'est-à-dire la maison, le bien de ***, et même je m'engage à acheter du général de Beaumont le bien de Ravières à la condition qu'Alexandre ne pourra jouir de tous ces derniers articles qu'après votre mort, et lui et moi souhaitons que ce ne soit pas de sitôt.

Alexandre Davout, militaire comme son frère, dont il était un des aides de camp, n'avait sans doute pas parcouru une aussi magnifique carrière que son aîné ; cependant sa position n'était pas de celles qui sont à dédaigner. Il était colonel, baron d'empire, commandant de la Légion d'honneur, et à ces divers titres il réunissait encore une trentaine de mille livres de rente, dont le maréchal détaille les chiffres dans une seconde lettre à sa mère. C'est ce frère déjà si bien pourvu que nous venons de voir doter, et ce fait parle avec assez d'éloquence en faveur de la générosité du maréchal.

Sa bienfaisance ne s'arrêtait pas à sa famille; ses officiers, ses serviteurs, ses anciens maîtres, ses amis, en ressentaient journellement les effets. Ici c'est une vieille nourrice qu'il soutient, là c'est un jeune aide de camp aux prises avec des embarras pécuniaires dont il veut payer les dettes, plus loin c'est un ancien professeur qu'il installe principal du collège d'Auxerre, une autre fois c'est un vieil ami de sa famille tombé dans l'indigence auquel il fait passer à diverses reprises des secours considérables. Quant à sa protection, il est toujours prêt à l'étendre sur quiconque en est digne; mais il est un point qu'il faut se garder d'aborder avec lui si l'on n'a pas de goût pour les refus, le service militaire. Qu'on n'essaie pas de lui arracher à cet égard la moindre complaisance; les êtres qui lui sont les plus chers, femme, mère, frère, sont sûrs d'être repoussés, et de manière à n'avoir pas envie de revenir à la charge. Lisez les deux fragments de lettres suivants, et dites si le sentiment du devoir militaire parla jamais un plus ferme et plus moral langage. La première de ces lettres est adressée à sa femme, à cette Aimée si chérie, si soignée, à laquelle il ne refusa jamais rien et qu'il grondait de ne pas assez lui demander.

Ostende, 9 frimaire an XII. — J'ai reçu, ma petite Aimée, tes lettres des 2, 3 et 4 frimaire. Tous ces petits détours que ton adresse prend pour m'inviter à empêcher un conscrit, *désigné par le sort pour l'armée active,* de rejoindre l'armée, ne sont point capables de me faire commettre une pareille inconséquence. Si on se relâche sur les lois de la conscription, il n'y aura bientôt plus d'armée française, et si nous avions jamais une guerre continentale, le gouvernement serait obligé d'avoir recours à des levées en masse et autres moyens qui soulèveraient les esprits sans rien produire. Je ne puis donc entrer dans ta commisération...

La seconde lettre est bien plus significative encore. Elle est adressée à sa mère, et il s'agit de ce frère Alexandre pour lequel nous connaissons l'affection du maréchal :

Vous me dites, ma chère mère, que votre désir est qu'il soit nommé général de brigade ; je ne pense pas que votre désir se réalise, et j'estime assez mon frère pour être convaincu qu'il ne partage pas ce désir, auparavant au moins le rétablissement de sa santé, puisque tant qu'il sera dans l'état où il est, il ne pourra pas servir l'empereur. Il faut qu'il s'occupe du soin de sa santé; il a toutes les ressources possibles étant près de vous et de sa femme. Il ne faut pas, ma chère mère, avoir de ces idées que rien ne justifie, et vous me connaissez assez pour être persuadée que je ne les partagerai pas lorsqu'elles seront contre mes devoirs ; lorsque vous m'en exprimerez de pareilles, vous m'affligerez en me mettant dans la nécessité de ne pas les seconder ou de les improuver. Quant à ce que vous me demandez pour Charles (un second frère), j'ai mis sous les yeux de l'empereur ses services, et Sa Majesté a eu la bonté de le nommer chef d'escadron. J'espère qu'il continuera à se bien comporter, et il trouvera en moi un bon frère.

Parmi ces papiers de famille, il en est un très exceptionnel, d'une réelle et sérieuse beauté. C'est une lettre écrite par le prince d'Eckmühl à son frère Alexandre pour lui annoncer la mort de leur mère survenue en 1810, lettre que la fille du maréchal a raison d'appeler antique, tant l'âme qui s'y révèle apparaît ferme devant les cruautés de la nature, stoïque envers elle-même et pleine de mâle sensibilité. Voici cette lettre que tout lecteur ayant l'expérience des choses vraiment nobles nous remerciera de lui avoir fait connaître :

Ravières, ce 8 septembre 1810. — Mon cher Alexandre, sur la nouvelle qui m'a été donnée que notre mère était indisposée, ma femme et moi nous sommes venus à Ravières pour lui donner nos soins; nous avons entendu faire avec bien du plaisir l'éloge de votre femme, tout ce que nous avons entendu dire d'elle ne peut qu'ajouter au désir que nous avions de faire sa connaissance. Vous et moi sommes très heureux par nos femmes. Aussi est-ce un devoir pour nous de faire leur bonheur. Je vous avoue que ce qui m'a fait supporter le malheur que j'ai éprouvé en perdant un fils unique, c'est l'idée que je me devais à mon excellente Aimée et à mes autres enfants. Sans cette idée, la vie m'eût été odieuse. Le moment, mon cher Alexandre, de mettre cette morale en pratique de nouveau est arrivé. Ainsi, supportez tous les malheurs domestiques avec fermeté; ce serait un crime que de s'y abandonner quand on a comme vous une femme estimable et un enfant en bas âge. Lorsqu'on est seul dans le monde, on peut sans inconvénient ne point vouloir lutter contre la mauvaise fortune; mais ce n'est point notre cas. Imitez-moi donc, supportez, par les considérations qui nous sont communes, le malheur commun que nous venons d'éprouver. Notre mère n'est plus. Je pars à l'instant avec mon Aimée, que je ne pourrais laisser plus longtemps ici dans l'état où elle est.

Achevez votre guérison, je vous le répète, et *montrez-vous un homme*. Assurez votre excellente femme de tout notre attachement. Vous savez que nous vous portons depuis longtemps ce sentiment; comptez que nous vous le conserverons.

Que le cœur est poète, cela est chose connue depuis longtemps; ce qui est plus contestable et plus contesté, c'est qu'il puisse être artiste au même degré, et cependant ici nous le voyons artiste accompli. La plus superficielle lecture de cette admirable lettre suffira pour faire apercevoir l'habile bonté avec laquelle elle a été composée. Quels ménagements exquis pour empêcher que la nouvelle que le maréchal doit annoncer à ce frère toujours malade, alors en traitement, et qu'il sait plus faible que lui-même, ne lui soit trop cruelle, pour ouater en quelque sorte le coup qu'il va recevoir! Quelle science instinctive des gradations dans cette succession d'étapes par lesquelles il l'achemine à la fatale vérité! La lettre commence presque sur un ton d'indifférence, annonçant une indisposition de leur mère, puis, de la manière la plus naturelle, et comme un incident né d'une réunion de famille, il lui transmet l'éloge de l'être qui lui est le plus cher, sa jeune femme, afin d'éveiller doucement en lui le sentiment des devoirs qui le lient à elle, et que ce sentiment devançant la triste nouvelle le prépare à l'entendre avec plus de fermeté; il insiste sur ce sentiment, il se donne en exemple, et par cette insistance qui devra nécessairement faire naître chez le lecteur de la lettre un certain étonnement, il crée un pressentiment du fait irrévocable que la ligne suivante va révéler. Quant à lui, il a pris de longue date l'habitude d'imposer silence à la douleur, et il ne se dément pas même en cette circonstance. C'est un chef-d'œuvre que cette lettre, qui serait classique depuis longtemps si elle se rencontrait parmi les *epistolæ* d'un Sénèque ou d'un Pline le Jeune, et qui mériterait de le devenir si le sentiment qui l'a dictée n'était à la fois trop haut et trop compliqué pour la plupart des hommes.

VII

CARACTÈRE MILITAIRE DE DAVOUT. — SA MO-
DESTIE. — SON RÉCIT DE LA BATAILLE
D'EYLAU. — BATAILLE D'AUERSTAEDT.

Parler du militaire tel qu'il transperce dans ces lettres à la maréchale d'Eckmühl et à ses autres parents, c'est encore parler de l'homme privé, tant il s'y fait un rôle effacé, tant il y parle avec retenue de ses actions les plus glorieuses. Davout avait horreur de se mettre en scène pour une occasion quelconque, il détestait l'affiche, comme on dit vulgairement, et ces *Mémoires* nous en fournissent quelques exemples remarquables. Désigné par les électeurs de l'Yonne pour présider le collège électoral de ce département, il refusa cet honneur bien naturel, et il fallut pour le lui faire accepter que le ministre de l'intérieur d'alors lui en fît un devoir. Entre Austerlitz et Auerstaedt, la municipalité d'Auxerre décréta qu'un buste en marbre du maréchal serait placé dans la salle de l'hôtel de ville où se réunissait le conseil afin de donner au plus illustre enfant du pays un témoignage d'admiration et de respect. Davout pria le conseil municipal de ne pas donner suite à sa délibération, n'estimant pas que ses actions lui méritassent encore une marque d'honneur de cette nature. Ces sentiments, il les conservait même avec ses proches, et il laissait volontiers la renommée les informer en détail de ses succès militaires. Encore l'éloge de ces succès l'indisposait-il fréquemment lorsqu'il lui revenait par l'organe des siens sans qu'il l'eût en rien provoqué. La maréchale l'ayant un jour félicité sur son éloquence militaire en reçut une réponse légèrement froissée et comme une semonce amicale. « Tu es bien indulgente, bien prévenue en ma faveur, ma petite Aimée, pour trouver que je suis éloquent sur les champs de bataille et en parlant aux troupes... Je garantis ma bonne volonté, mon zèle et mon dévouement, il ne faut pas me supposer autre chose; quant à l'éloquence, permets-moi, ma chère Aimée, de rire de tes éloges. J'ai le mérite d'exprimer ce que je pense sans la plus petite prétention. » Cet éloge de son éloquence lui était valu par un discours qu'il avait prononcé à une fête donnée par les

Polonais en l'honneur de la bataille d'Auerstaedt, discours auquel les journaux du temps avaient fait une publicité qui lui avait fort déplu, « ayant beaucoup plus d'envie, dit-il dans cette même lettre, de servir de mon mieux l'empereur que de me voir cité dans les journaux *quand ce n'est pas dans un bulletin.* »

S'il se plaisait ainsi à s'effacer, ce n'était pas par une étroite modestie, qui chez un tel homme aurait été faiblesse plus que vertu, c'était au contraire par une juste conscience de sa valeur qui, lui faisant trouver une bataille gagnée chose toute naturelle pour lui et allant de soi, le détournait de toute manifestation extérieure de contentement et de toute ivresse d'amour-propre. Cette légitime fierté lui fit détester toute sa vie les petits manèges politiques par lesquels les hommes se poussent en avant, se prônent eux-mêmes et mettent leurs services au-dessus de ceux de leurs rivaux : c'est aux hommes sans valeur, pensait-il et disait-il, à user de tels moyens; mes actions parlent pour moi, et elles sont assez hautes pour que je n'aie pas à craindre qu'aucun rival indigne essaie d'y atteindre et d'en diminuer l'importance. Quant à me servir de mes actions pour écraser celles des autres, c'est un autre genre d'indignité dont se rendre coupable serait la preuve que la fortune s'est trompée en me fournissant des occasions de gloire que je ne méritais pas. Aussi, dans cette longue correspondance intime, ne surprend-on ni la plus légère jalousie des succès d'autrui, ni la plus petite impatience devant les lenteurs d'équité du souverain, ni le plus petit dépit devant la non-réalisation de ses espérances. « Il faut attendre, désirer même, les bienfaits de notre souverain, écrit-il à sa femme, et je n'ai jamais murmuré lorsqu'ils n'arrivent pas aussitôt qu'on les souhaite. Il y a toujours autant de bonheur au moins que de justice lorsqu'on en est l'objet, car si votre amour-propre vous dit que vous les avez autant mérités que tel ou tel, la justice dit que mille autres les ont mérités au moins autant que vous, et ces mille autres cependant seront oubliés parce que la fortune n'aura pas fait connaître leurs services. » Nombre de grands capitaines ont proclamé que c'était à la fortune plutôt qu'à eux-mêmes qu'ils devaient leurs succès, mais avez-vous souvenir d'aucun qui ait fait cette confession avec plus de noblesse, d'une manière moins blessante pour l'égalité et avec un plus délicat sentiment du droit?

A la fin d'une des lettres écrites après Auerstaedt, Davout parle des débris de la *jactancieuse armée prussienne* qu'il avait vaincue. Cette épithète robuste exprime admirablement le contraire de tout ce qu'il fut. Dans ces lettres intimes c'est à peine si un mot çà et là jeté en courant vient nous rappeler que le personnage qui parle est quelqu'un de plus qu'un mari heureux ou un propriétaire soigneux qui envoie ses recommandations au plus cher de ses intendants. Ses relations de batailles, rares et sommaires, sont remarquables par l'absence complète de tout accent d'égoïste personnalité. Après Austerlitz, il se contente d'écrire à sa femme qu'il a eu dans cette journée son bonheur ordinaire. Cette discrétion sur sa personne n'étonne cependant pas trop pour cette bataille où il n'eut, comme on le sait, qu'une action secondaire soutenue principalement par la division Friant, mais elle est la même pour Eylau, où il eut un rôle si considérable; elle est presque la même pour Auerstaedt, qui ne releva que de son génie et de son initiative; nous ne disons rien d'Eckmühl, les lettres qu'il écrivit à la maréchale après ces deux célèbres journées s'étant perdues ou n'étant pas en la possession de l'éditeur de cette correspondance. Mais laissons ce héros sans jactance nous raconter lui-même quelques-unes de ses batailles; c'est le meilleur moyen de bien connaître la nature de cette discrétion, qui n'excluait d'ailleurs, comme on va le voir, ni le talent de peindre à grands traits, ni le don des expressions fortes. Lisez ces fragments sur Eylau, et dites si ces impressions de la première heure, rédigées en toute hâte, n'ont pas saisi et rendu avec vigueur le caractère de cette journée tel qu'il reste fixé dans les imaginations par les récits laborieusement composés des historiens et la mise en scène pathétique du chef-d'œuvre de Gros.

Nous prenons nos quartiers d'hiver, et je t'assure que les Russes n'auront pas cette fois l'envie de les venir troubler; la grande et sanglante bataille du 8 (février 1807) les a dégoûtés de l'envie de nous combattre; je dis *sanglante,* car elle a fait de l'*impression même sur les individus de l'armée victorieuse.* Il est vrai que ces individus ne sont pas ce qu'il y a de mieux dans notre armée; mais cela explique la grande terreur qui règne dans l'armée vaincue. Elle est telle que, obligée d'évacuer un pays qui n'offrait plus de subsistances pour les hommes et les chevaux et par conséquent de faire une retraite d'une trentaine de lieues devant une armée, — objet toujours délicat, — les Russes n'ont pas osé nous suivre. Toutes ces réflexions, ma bien bonne amie, sont peut-être trop du métier, mais la femme d'un militaire doit s'abonner à en entendre de pareilles...

Cette bataille du 8 a produit, à en juger par ta lettre, un effet que j'ai remarqué sur bien des figures habituées à faire des campagnes jusque-là peu meurtrières; maintenant on n'est point satisfait d'une bataille à moins que tout un pays, beaucoup de places fortes et cent mille prisonniers n'en soient le résultat. L'empereur, ma bien bonne Aimée, nous a gâtés par tous ses prodiges ; dans cette journée, il avait assez bien manœuvré pour pouvoir espérer ce résultat ; mais les tempêtes, les plus grandes contrariétés et le destin en avaient autrement décidé. Cette bataille devait être gagnée après avoir été bien disputée ; mais le gain devait se borner au champ de bataille. Cependant ce n'est point peu de chose, car plus le champ de bataille a été disputé, plus l'armée qui est forcée à l'abandonner après des pertes immenses doit renoncer à l'espoir de vaincre à l'avenir. Chaque jour nous apercevons que les Russes ont perdu cet espoir et qu'ils ne se relèveront pas de sitôt des pertes majeures qu'ils ont faites ; nous, au contraire, nous les réparons chaque jour. Jamais les Russes n'ont plus désiré la paix que depuis cette journée, et il est vraisemblable que leur empereur finira par céder à ce vœu. Ainsi il est présumable que ce sera la dernière bataille qui se donnera d'ici à longtemps. J'ai vu avec plaisir, ma bien bonne petite Aimée, que le bulletin n'avait pas fait mention de ma légère blessure, car tu n'aurais pas manqué de croire que l'on avait mis *légère* pour en imposer, et ton imagination bien ingénieuse à te tourmenter t'aurait fait supposer ton Louis blessé dangereusement...

N'est-ce pas là une esquisse d'une touche magistrale et n'y sentez-vous pas l'impression de glaciale horreur de cette bataille sanglante, premier avertissement donné par le destin au vainqueur de l'Europe et prophétie des boucheries effroyables que tient en réserve un avenir prochain? Le soleil d'Austerlitz s'est voilé, et c'est sous un ciel blafard et sur un champ de neige que la victoire s'est abattue d'un vol contraint et d'un visage sévère. Il lui tarde visiblement de changer de camp, et elle restreint maintenant ses faveurs à sa seule présence. Eylau, c'est le point tournant de la fortune de Napoléon. Désormais la guerre va changer de caractère, et d'héroïque et lumineuse qu'elle avait été jusqu'alors elle va devenir sauvage et implacable. Vous aurez aussi certainement remarqué au passage la piquante observation de Davout sur les exigences insensées de l'opinion de l'époque, observation qui démontre à quel point les nations se blasent vite sur toute chose, et combien il est inutile pour les retenir de les mettre au régime des prodiges, la surprise au bout de peu de temps leur paraissant manquer d'imprévu et le miracle de nouveauté.

Des deux grandes batailles de Davout, Auerstaedt et Eckmühl, Eckmühl sombre, acharnée, meurtrière, opiniâtre, est peut-être la plus typique, en ce sens que c'est elle qui exprime le plus pleinement le génie sévère de son auteur; mais Auerstaedt est la plus originale par l'imprévu de la situation, la plus primesautière par l'élan et l'entrain de l'action. Les documents nouveaux nous manquent, nous l'avons dit, pour la première de ces deux batailles, mais nous sommes plus heureux avec la seconde, que Davout lui-même va nous raconter sans vanité d'auteur, de sa plume simple et mâle.

Ma bien bonne petite Aimée, depuis neuf jours il m'a été impossible de t'écrire faute de communications. Crois que, sachant apprécier les inquiétudes que mon silence t'aura données, j'ai été moi-même très tourmenté. J'espère qu'à l'avenir je serai plus heureux ; peut-être que, malgré mon silence, tu auras eu connaissance auparavant cette lettre des rapports sur les opérations de l'armée qui auront dissipé tes inquiétudes sur ton Louis, en même temps que tu auras éprouvé une grande joie de voir qu'une belle occasion s'était offerte de chercher à mériter les marques d'estime et de bienveillance de mon souverain.

Le 14, le roi de Prusse, le duc de Brunswick, les maréchaux de Mœllendorf, Kalkreuth, enfin tout ce qui restait à l'armée prussienne des anciens compagnons de gloire du grand Frédéric, avec 80,000 hommes, l'élite de l'armée prussienne, ont marché sur moi qui leur ai évité une partie du chemin. Aussi, dès les sept heures du matin, la bataille a commencé, elle a été très disputée, et très longue et très sanglante ; mais enfin, malgré l'extrême inégalité des forces (le corps d'armée n'était fort que de 25,000 hommes), à quatre heures du soir la bataille était gagnée, presque toute l'artillerie de l'ennemi en notre pouvoir, beaucoup de généraux ennemis tués, parmi lesquels se trouve le duc de Brunswick. Ce succès inespéré est dû au bonheur qui accompagne les armes de notre souverain et au courage de ses soldats ; la terreur est dans l'armée prussienne ; aussi cette guerre peut-elle être regardée comme finie. Pour mettre le comble à ta satisfaction, je t'envoie copie de la lettre que m'a écrite l'empereur, et l'annonce que je n'ai pas été blessé dans cette glorieuse et sanglante journée. Toi, ma petite Aimée, dont l'existence est employée à ajouter à la considération de ton mari, qui a vécu de privations pour payer mes dettes, et empêcher par là qu'on ne puisse croire que mes affaires étaient dérangées, tu ressentiras, j'en suis certain, une vive joie d'apprendre que j'ai eu le bonheur de remplir les intentions de l'empereur et d'acquérir quelques titres à son estime et à sa bienveillance.

Sur cette bataille d'Auerstaedt, ces mémoires contiennent nombre de documents nouveaux. Malgré l'intérêt qu'ils présentent, nous les passerons sous silence par l'excellente raison qu'en ayant obtenu communication il y a quelques années par une faveur toute bienveillante, nous avons pu déjà en faire connaître quelques-uns des plus curieux[1], par exemple les piquants récits anecdotiques du général de Trobriand, aide de camp de Davout et envoyé par lui auprès de

1. Voyez *Souvenirs de Bourgogne. Auxerre et le maréchal Davout*, Paris. Hachette.

Bernadotte pour l'arracher à l'inaction calculée dont, comme on le sait, il refusa de sortir. Toutefois parmi ces documents il en est un fort curieux, quoique secondaire, dont nous ne voulons pas priver nos lecteurs. C'est un court billet dont le prince de Talleyrand accompagna l'envoi à la maréchale de la note officielle sur la bataille d'Iéna, note où Auerstaedt était présenté à dessein comme un simple épisode d'Iéna ; le voici :

Madame,

Je m'empresse de vous donner connaissance d'une note que je viens de recevoir du quartier général sur la victoire d'Iéna. M. le maréchal Davout en est revenu, suivant son usage, avec une belle branche de laurier que vous pourrez ajouter, Madame, à sa collection précédente. Je vous prie, Madame, d'agréer, etc.

Ce billet est précieux, non pour ce qu'il dit, mais pour ce qu'il ne dit pas. Talleyrand, malgré sa clairvoyance, a-t-il été lui-même dupe à la première heure de la ruse impériale, ou bien, en fin renard politique, a-t-il flairé l'intention du maître et a-t-il rédigé en conséquence ce billet où, comme on le voit, il libelle en quelque sorte l'injustice commise en confondant inconsciemment ou en feignant de confondre ces deux batailles en une seule ?

VIII

INJUSTICE DE NAPOLÉON ENVERS DAVOUT. — AMOUR ET INALTÉRABLE FIDÉLITÉ DE DAVOUT POUR NAPOLÉON.

Ce n'est pas la moindre gloire du maréchal Davout que d'avoir éveillé par ce succès d'Auerstaedt, non pas la jalousie, comme on l'a dit, mais l'ombrageuse personnalité de Napoléon. Il est certain que l'empereur fut coupable envers Davout de la pire des injustices, l'injustice par duplicité et dissimulation. Subtilement il essaya (le mot n'est pas trop fort) d'escamoter au maréchal sa victoire et de le réduire contre toute évidence au simple rang de collaborateur de sa gloire impériale. Cette injustice lui a été reprochée à bon droit, et lui-même s'en est repenti; cependant, pour dire toute notre pensée, rien ne nous paraît plus explicable que cette conduite, pour peu qu'on réfléchisse à la politique que suivit toujours

Napoléon et qui lui était jusqu'à un certain point commandée par sa situation de souverain parvenu. « La différence entre vous et moi, écrivait à Béranger un des chefs du libéralisme sous la restauration, — Benjamin Constant, si ma mémoire est fidèle —, c'est que je crois, au contraire de vous, la liberté beaucoup plus assurée sous une vieille dynastie que sous une nouvelle. » Ce que ce libéral disait des libertés publiques, on peut le dire bien mieux encore d'une certaine justice, de celle qui s'applique aux individualités éminentes et aux actes exceptionnels. Un souverain d'une vieille dynastie peut être juste envers ses serviteurs sans craindre pour son autorité, et peut voir sans jalousie leurs succès les plus éclatants, parce que le pouvoir traditionnel dont il est investi le dispense d'être leur égal par la nature. Mais il n'en va pas ainsi avec un souverain qui, comme Napoléon, a acquis son pouvoir par son prestige personnel et à la pointe de son épée; ses serviteurs, dont il n'était hier encore que le compagnon d'armes, sont trop près de lui pour qu'il n'ait pas à craindre de les voir rétablir par leurs actions l'égalité rompue entre eux par son titre trop nouveau de souverain. En outre, un tel pouvoir, reposant sur cette opinion accréditée que le chef de l'état ne saurait être remplacé parce que nul ne pourrait faire les mêmes choses que lui, tout doit nécessairement émaner du souverain et se rapporter au souverain. Napoléon avait raison lorsqu'il se représentait toujours comme l'homme de la fatalité, car la nécessité est le véritable titre d'une telle souveraineté; mais que devient ce titre si les événements, trouvant d'autres moteurs, se chargent de prouver que ni la nature, ni le destin n'ont dit leur dernier mot en enfantant une grande personnalité? Dans de telles conditions, toute victoire qui n'est pas remportée, soit par le souverain en personne, soit sous sa direction immédiate, peut bien être un triomphe pour la nation qu'il commande, mais ne vaut pas mieux pour lui qu'une défaite, car elle porte atteinte à son pouvoir. Cela dit, il est facile de comprendre quel déplaisir secret lui fut cette surprise d'Auerstaedt. Comment donc! il y avait eu deux batailles livrées en même temps, et de ces deux batailles il y en avait une qu'il n'avait pas prévue et qui avait été gagnée sans sa participation! Comment! la principale armée prussienne n'était pas celle qu'il avait battue à Iéna, c'était celle que Davout avait battue à Auerstaedt! Mais alors la bataille où il commandait était donc la moins importante des deux! mais alors le véritable vainqueur de la Prusse, celui qui l'avait mise dans l'impossibilité de résister, ce n'était pas lui, c'était Davout! Autrefois, il est vrai, tels et tels de ses lieutenants avaient remporté des victoires pour leur propre compte, mais il y avait longtemps de cela, c'était à l'aube première de sa gloire, et eux-mêmes semblaient avoir perdu la mémoire qu'ils pussent rien faire de pareil. D'un coup d'œil Napoléon vit la situation originale que cette bataille faisait à Davout et le rang exceptionnel qu'elle allait lui créer parmi ses compagnons d'armes, et alors, ne pouvant la détruire, il la couvrit de son ombre, dissimula la vérité sans la nier, atténua et éteignit le succès de son lieutenant autant qu'il put, et retint la récompense qui en aurait été la constatation authentique.

Il ne fut cependant pas sans remords de cette dissimulation peu loyale et de ce déni de justice peu digne d'un victorieux comme lui. Ce qui prouve mieux peut-être que le titre de duc d'Auerstaedt qu'il accorda par la suite à Davout la réalité de ces remords, c'est un fait fort curieux consigné dans les présents mémoires, fait où le besoin de réparer et de rendre hommage à la vérité est manifeste. Dans ses dernières années, la vieille maréchale d'Eckmühl se plaisait à raconter que lorsque l'empereur l'avait revue à

Paris pour la saluer duchesse d'Auerstaedt, il lui avait dit ces paroles remarquables : « Votre mari s'est tracé un chemin à l'immortalité. En Italie, j'ai vaincu Mélas avec des forces bien inférieures en nombre, mais j'avais divisé ses corps. » Tardive réparation cependant : l'injustice de Napoléon avait porté coup et avait eu des conséquences qui se continuent encore aujourd'hui. Il est certain, par exemple, que cette victoire d'Auerstaedt, si complète, si originale, si décisive par ses résultats, si admirée de tous les véritables juges en matière militaire, n'a jamais eu la popularité dont tant de batailles moins importantes restent entourées, et à quoi cela tient-il, sinon à la demi-obscurité que lui fit l'égoïste duplicité de Napoléon? Mais si notre peuple n'en a pas gardé un souvenir en rapport avec son importance, il n'en a pas été de même du peuple dont elle consomma la ruine. Une anecdote contemporaine, trop curieuse pour n'être pas citée, mais dont nous laissons la responsabilité à l'éditeur de ces documents, atteste la fidélité de la mémoire prussienne. Pendant son séjour à Paris, en 1867, l'empereur actuel d'Allemagne, visitant une après-midi la salle des maréchaux aux Tuileries en compagnie du maréchal C..., qui lui avait été donné pour *cicerone*, se complut à se faire nommer chacun de ces hommes de guerre à mesure qu'il s'arrêtait devant un buste nouveau. « Et celui-ci, quel est-il? demanda le roi quand il fut arrivé devant le buste de notre héros. — Davout. — Et quel titre portait-il? — Il était prince d'Eckmühl. » Un silence, puis brusquement et d'une voix forte le roi foudroya son interlocuteur de ces paroles : « Il s'appelait aussi le duc d'Auerstaedt, la Prusse le sait. »

Ce déni de justice fut un coup très sensible pour Davout, non seulement parce qu'il essayait de le frustrer d'une partie de sa gloire méritée, mais parce qu'il portait atteinte en même temps à l'idole qu'il s'était formée et qu'il avait adorée jusqu'alors avec une confiance qui est un modèle de la foi militaire parfaite. Nous nous sommes trop avancé, en effet, en disant que les lettres du maréchal Davout ne sont pleines que de sa femme et de l'amour qu'il ressent pour elle; il y a dans cette correspondance une autre personne et un autre amour qui occupent au moins autant de place, la personne et l'amour de Napoléon. Cet amour, fondé d'abord sur une admiration sans bornes, va si loin qu'il lui fait identifier en Bonaparte patrie, civilisation et humanité. Davout ne conçoit pas la France sans Bonaparte et la révolution autrement que par lui; c'est en lui que l'une et l'autre ont réellement la vie, le mouvement et l'être. Aussi quelles craintes lorsque quelque événement semble menacer ou menace en effet cette existence en qui tout se résume pour lui! Un jour une lettre de sa femme lui apporte l'histoire de l'homme en casaque rouge qui s'est dressé subitement devant le premier consul, — le fameux petit homme rouge de Béranger et de Henri Heine, — et aussitôt son imagination lui a présenté le spectacle de la France ressaisie par l'anarchie et du chaos renaissant. « L'histoire de cet habit rouge me fait encore frissonner, tu sais assez que ce n'est pas par intérêt. Pour moi je sais bien que *je n'ai de salut que dans le premier consul; je n'en veux point chercher d'autre;* mais l'impression que m'a faite ton récit n'a été que pour le consul. Que deviendrait ma patrie s'il venait à nous manquer? Mon imagination ne me fournit dans cette hypothèse que les plus affreux spectacles et l'avenir le plus funeste. Il est toujours sauvé par des circonstances extraordinaires... » Ne surprenez-vous pas dans ces paroles l'accent même de la religion?

C'est qu'en effet c'est une religion véritable pour Davout que ce culte de Bonaparte. Toujours dans ces premières années, l'accent que nous venons de noter se maintient : « Partout où le consul passe, écrit-il pendant le voyage de Bonaparte en

Belgique, il sème l'enthousiasme, et *il avance dans les pays conquis de vingt-cinq ans l'époque où tous les intérêts se confondront avec les nôtres.* » Comme tous les croyants fervents et sincères, Davout ne s'interroge jamais sur l'objet de sa croyance. Pour ce grand homme de guerre comme pour le plus naïf des hommes du peuple, Bonaparte est un créateur de miracles, un artisan de prodiges, le génie même qui s'est fait chair, la lumière qui a lui subitement dans les ténèbres et que pour leur bonheur les ténèbres ont comprise. Ce n'est donc pas un maître qu'il s'est choisi arbitrairement, c'est un maître qui s'est imposé à son âme, auquel il s'est donné tout entier, et qu'il a fait vœu de servir avec constance, fidélité et désintéressement.

Sur ce dernier sentiment surtout Davout se montre d'une délicatesse scrupuleuse, qui met sa renommée à l'abri de ce genre de reproches qui ont atteint plus d'un de ses compagnons. « Je n'aurai jamais d'autre fortune que celle que le premier consul (ou l'empereur selon la date des lettres) me fera, » répète-t-il sans cesse à sa femme. C'est donc en vain qu'elle l'entretient de leurs affaires embarrassées. « Je ne demanderai certainement au premier consul rien de plus que ce que j'en ai reçu, répond-il;

plutôt vendre notre Savigny que de laisser soupçonner que le vil motif de l'argent est pour quelque chose dans mon dévouement. » Jusqu'à l'époque de sa dotation d'Eckmühl, le maréchal n'eut pas de demeure à Paris, ce qui était un grand embarras pour la maréchale, qui insistait souvent auprès de son mari pour qu'il s'ouvrît à l'empereur sur ce chapitre. Davout promit à sa femme de faire à l'empereur cette demande; mais, quand il fallut l'exécuter, il se conduisit comme les amoureux timides qui remettent toujours leur déclaration au lendemain, et finalement ce projet de sollicitation, toujours renvoyé de quinzaine en quinzaine, resta en suspens pendant des années sans qu'il pût trouver un jour favorable. Aussi, fort de ce désintéressement, Davout se croyait-il à l'abri, non seulement de toute disgrâce, mais de toute marque de froideur, et rejetait-il bien loin tous les conseils de défiance et tous les avis que la maréchale lui faisait passer sur les manœuvres secrètes de ses rivaux et les menées ténébreuses de ses envieux. D'ailleurs sa prudence égalait sa fidélité. Comprenant et acceptant les exigences du pouvoir que la France s'était donné, il s'était fait une loi d'imposer à ses paroles une retenue constante, de ne tenir jamais compte des détails où sa vanité seule pourrait être intéressée, et de s'effacer dans toutes les occasions où il était moins utile à l'empereur qu'à lui-même qu'il se montrât. Un exemple remarquable de cette prudence, c'est le refus motivé de l'hommage que le conseil municipal d'Auxerre avait voulu lui décerner après Austerlitz, hommage et refus dont nous avons déjà fait mention. Qu'avait-il donc à craindre, puisque son unique souci était le service du souverain, et n'avait-il pas bien le droit de se moquer des inquiétudes de la maréchale lorsqu'elle lui écrivait que nombre de ses lettres lui arrivaient décachetées? Il fallut l'affaire d'Auerstaedt pour lui prouver que faire son devoir n'assure pas toujours contre l'injustice et pour lui révéler le colosse de personnalité égoïste auquel il avait affaire.

C'est de cette époque qu'il faut dater la sourde mésintelligence qui devait désormais séparer Davout et Napoléon, sans aboutir jamais à une rupture ou à une disgrâce, mésintelligence toujours respectueuse du côté de Davout, discrète quoique souvent acerbe du côté de Napoléon, soigneusement voilée de silence et qui attendit pour éclater les scènes tragiques de la campagne de Russie. A partir d'Auerstaedt, le ton de cette correspondance change sensiblement. Ce n'est point d'abord qu'il doute de l'empereur, mais il a entendu siffler à ses oreilles les serpents de la jalousie, et il est entré en méfiance de ceux qui l'approchent. « Je suis très flatté, écrit-il à la maréchale, de l'impression qu'ont faite sur toi les éloges que l'empereur a bien voulu donner à ma conduite... *J'aurai plus besoin que jamais de sa bienveillance; ceci n'est pas trop en faveur de mes collègues, mais enfin c'est la vérité.* Peu me pardonneront le bonheur que le 3ᵉ corps a eu de battre avec vingt-cinq mille hommes au plus, dont mille seulement de cavalerie, l'armée du roi de Prusse... Si je me réjouis de cet événement, je te jure, quelque gloire que cela me donne, c'est plus parce qu'il a été utile à mon souverain que pour tout autre motif. Je m'en serais réjoui de bien bon cœur si cela était arrivé à un de mes camarades. » Le commandement de Pologne (1807-1808) vint bientôt donner un nouvel aliment à cette mésintelligence. Les Polonais, croyant les circonstances favorables, s'agitaient beaucoup pour amener l'empereur à reconstituer le royaume de Pologne et se montraient disposés à accepter le roi français qu'il voudrait leur donner, soit un prince de sa famille, soit même un de ses lieutenants, et un parti favorable au vainqueur d'Auerstaedt commençait à se former.

Que se passa-t-il réellement alors entre Napoléon et Davout? L'inquiétude du souverain éveillée depuis cette contrariante bataille qui avait soudainement donné une rivale à celle d'Iéna le porta-t-elle à accueillir comme fondés les soupçons que la malveillance faisait courir sur les projets de Davout? le capitaine victorieux qui se sentait grandi ouvrit-il réellement son cœur à l'ambition, rêva-t-il sérieusement un trône et eut-il l'espérance que la main de l'empereur l'aiderait à s'y asseoir? Dans tout ce qui nous est dit à ce sujet, nous ne voyons rien d'assez précis pour autoriser autre chose que des conjectures; un fait seul est positif, c'est que Davout se déclara ouvertement pour la reconstitution de la Pologne et que l'empereur fit obstinément la sourde oreille à tout projet de ce genre. Si Davout avait eu d'ailleurs les velléités ambitieuses qu'on lui prêtait, il se serait bien vite aperçu qu'il y avait un obstacle insurmontable à ses visées dans le commandement qu'il exerçait en Pologne. De qui le tenait-il en effet? De l'empereur, qui était défavorable à la reconstitution polonaise, en sorte que Davout se trouvait par sa position obligé de décourager des espérances qui lui apparaissaient comme sacrées et de combattre les idées même dont il s'était déclaré partisan. Les contrariétés de cette fausse situation sont si vives qu'elles lui arrachent à lui, l'homme ferme et circonspect par excellence, un cri de dégoût et de lassitude. « Crois qu'à l'avenir je serai plus exact, puisque tu attaches autant d'importance à recevoir de mes nouvelles, écrit-il à la maréchale à la date de novembre 1807. Je n'aimais pas à t'en donner lorsque je me trouvais dans un de ces moments de contrariété, parce que mon style s'en ressentait et devait alors t'affecter; mais lorsque j'y serai, je ne t'entretiendrai que de moi et je serai laconique. Depuis un mois j'en éprouve du reste beaucoup moins. *C'est malgré cela un rude métier que je fais, parce que l'empereur l'a voulu, et qui est bien peu dans mes goûts.* »

Il est évident qu'il y a à cette époque entre ces deux âmes un état d'hostilité sourde qui se traduit chez Davout par un stoïcisme amer, et chez Napoléon par de brusques rudesses et un ton de froid mécontentement. Par exemple, Davout ayant cru devoir faire remarquer au maître l'insuffisance de ressources où certaines réductions nouvellement opérées vont le laisser pour couvrir les frais de sa maison militaire, l'empereur lui répond sèchement que sa dotation bien administrée doit rapporter 300,000 francs, tandis que celle du maréchal Lannes ne produit que 150,000 francs.

Eh bien, qui le croirait? l'effet le plus certain de cette mésintelligence est de faire apparaître sous un jour plus éclatant la fidélité de Davout. Il faut citer, pour faire comprendre à quel point cette fidélité est admirable, quelques fragments des lettres de ces deux années 1807-1808. Rien ne peut l'ébranler, ni l'injustice des soupçons, ni la fausseté des accusations, ni la perspective même d'une disgrâce possible. L'empereur fût-il inique envers lui, son dévouement restera le même; il s'est donné une fois et pour toujours. Et puis, par derrière l'empereur, il y a la France qu'il ne conçoit pas sans lui, et cette pensée suffirait, même fût-il privé de ses faveurs, pour qu'il désirât encore le maintien de son pouvoir et la continuation de ses triomphes.

17 novembre 1807. — Je sers mon souverain du mieux que je peux, et les petites intrigues et jalousies ne m'ont jamais inquiété pour deux puissantes raisons : la première qu'elles ne peuvent avoir d'influence sur lui, la deuxième que, me conduisant dans l'intention de faire tout ce qui peut et doit être bon pour son service, je suis parfaitement tranquille sur les résultats. J'appelle être tranquille sur les résultats, ma chère Aimée, de ne pas craindre une disgrâce. Mon dévouement sans bornes à l'empereur, l'indifférence que j'ai pour mes intérêts, le désintéressement que j'apporterai dans toutes mes actions, mille et mille raisons, toutes aussi bonnes, et qui, alors

même que je ferais des fautes, m'inspirent la plus grande tranquillité, parce que mes intentions sont toujours droites, me dictent que la disgrâce n'aurait aucun motif fondé, et dès lors elle me serait indifférente. Je trouverais dans l'attachement de ma petite Aimée, dans celui de mes enfants et dans ma propre conscience, non seulement mille motifs de consolation, mais le vrai bonheur, car il serait à espérer que les petites jalousies me laisseraient tranquille.

24 novembre 1807. — ... Si je passe un jour sans me donner le plaisir de t'écrire, crois que la faute n'en tient qu'à mes occupations. Elles sont toujours bien ennuyeuses et bien discordantes avec mes goûts; mais dans cette circonstance comme dans toutes, je ne consulterai que ce que prescrit le service de l'empereur... Ma chère Aimée, ma conscience me rassure tellement que je ne redoute rien que d'être au-dessous des bienfaits de Sa Majesté. Si jamais elle me retirait sa bienveillance, je ne l'eusse point mérité, et je n'en éprouverais aucun mécontentement. Mes vœux pour l'empereur, mon admiration, ma reconnaissance seraient les mêmes, et mon bonheur particulier peut-être plus certain. Je m'y livrerais tout entier, et j'y trouverais mille satisfactions que je ne peux pas espérer dans les grandes places.

19 février 1808. — ... Je suis comblé des bienfaits de l'empereur. Eh bien, je te jure que demain il me les retirerait que je ne lui en porterais pas moins ces sentiments d'admiration et d'amour que tout bon Français doit éprouver pour le sauveur de notre patrie, parce que rien ne peut m'empêcher d'être bon Français...

22 janvier 1808. — ... Tant que de tels désagréments ne me viendraient pas de l'empereur, je n'y fe-

rais aucune attention. S'ils me venaient de l'empereur, alors le sentiment qui me fait agir et qui me fait valoir quelque chose, celui de servir, de mériter l'estime du libérateur de ma patrie, de celui qui l'a portée au plus haut degré de gloire, dont tous les moments sont consacrés à la France, alors, dis-je, le jour où ce véhicule me manquerait, je me retirerais en continuant à faire des vœux pour la conservation de jours si précieux à la France...

La véhémence de ces sentiments pourra surprendre aujourd'hui; mais songez, pour la comprendre, que c'est un lieutenant de Napoléon qui parle, que nous sommes en 1807, au lendemain de Tilsitt, et que l'on croit la paix assurée, l'Europe vaincue et la nouvelle société française à l'abri de toute aventure sous la tutelle de l'empire.

En nous révélant un Davout inconnu, celui de l'intimité, un Davout bon et cordial, humain, familier, ces mémoires n'ont pas effacé pour cela le Davout de la tradition, le chef militaire inflexible, taciturne, stoïque, laconique, opiniâtre, car, tout en montrant les traits du premier, ils n'ont pas cessé, on vient de le voir, de nous laisser présente l'image du second. Est-ce donc que ce sont deux hommes distincts, et sommes-nous ici en présence d'un de ces caractères à faces multiples qui font penser à l'homme ondoyant et divers de Montaigne? Non, la nature du maréchal est essentiellement simple, sans complexité d'aucune sorte. C'est un personnage tout d'une pièce, d'une personnalité nettement tranchée, et pour lequel les nuances changeantes n'ont jamais existé. La contradiction entre les deux hommes que nous avons montrés n'est qu'apparente et ne peut embarrasser que si, parlant comme le vulgaire, on consent à appeler dureté ce qui est justice, et farouche humeur ce qui est sérieux d'esprit ou rectitude de caractère. « Lorsque Dieu créa le cœur et les entrailles de l'homme, dit Bossuet, il y mit premièrement la bonté. » C'est à propos des héros que le grand orateur sacré prononce cette parole mémorable, et nous avons vu que Davout n'est pas pour la démentir. Mais cette parole a besoin d'être comprise et complétée. Oui, lorsque Dieu crée les entrailles de quelqu'un de ces hommes qu'il désigne pour le commandement ou sacre pour l'autorité, il y met premièrement la bonté, mais il l'y met tout au fond, comme base de toutes les autres vertus, il l'y cache pour qu'elle n'y soit connue que de celui qui la possède, de manière que, restant ignorée, elle puisse être à l'abri des atteintes de la perversité ou des séductions de l'hypocrisie, et pour mieux rendre invulnérable celui qu'il doue de cette sainte faiblesse, il l'arme d'une indomptable énergie, revêt son visage d'un masque de sévérité et met dans le son de sa voix un accent de menace. Ce secret de la contradiction apparente qui se remarque en Davout comme en tant d'autres grands hommes d'action, c'est cette sage précaution de l'esprit qui mène le monde pour préserver contre tout abus des natures inférieures ses créatures d'élite; il n'en faut pas chercher d'autre.

II

LES ANNÉES SOMBRES

1810-1816

AVANT-PROPOS

Combien elle était sagace, la pratique religieuse de cet ancien qui, toutes les fois qu'il lui arrivait un événement heureux, s'empressait de supplier les dieux de lui envoyer bien vite quelque accident fâcheux qui pût paraître contrebalancer sa fortune propice et conjurer les revanches du mauvais sort! Rien de plus judicieux que cette prière à quelque point de vue qu'on l'examine. D'abord, sans misanthropie aucune, on peut dire qu'il est bon qu'un homme présente toujours quelque côté où le prochain puisse mordre; c'est là un fait d'expérience si constant que personne n'y contredira. Un accident fâcheux, pourvu qu'il soit sans trop de gravité, a l'inappréciable avantage de désarmer la malice des ennemis en la satisfaisant. En outre, si tout se paye, comme le disait Napoléon, il faut donc payer son bonheur, et par conséquent, si on peut obtenir de le payer à prix réduit, comme c'était le but de cette prière, la transaction sera de celles dont il y aura lieu de se féliciter. Enfin cette prière révélait que son auteur s'était élevé à la connaissance de cette loi invariable qui veut que les chances heureuses et les chances malheureuses se partagent à peu près également l'existence humaine. Notre ancien redoutait pour cette raison d'épuiser les chances heureuses et essayait de se préserver des malheureuses en leur faisant leur part, ce qui n'était pas si mal raisonner. Si l'alternance des deux séries est inévitable et s'il est vain de vouloir s'y soustraire, il reste à savoir cependant si les effets de la mauvaise ne peuvent pas être combattus ou amoindris. Notre ancien le croyait, tous les grands hommes d'action l'ont cru, et c'est cette conviction qu'exprimait Cromwell, lorsqu'il parlait de ne laisser à la fortune que ce qu'on ne peut lui ôter par prudence, constance et labeur.

Nous n'avons jamais mieux compris peut-être combien cette loi est invariable et combien la lutte contre ses effets, tout inégale qu'elle est, est toujours possible, qu'en lisant les deux derniers volumes de la publication que Mme la marquise de Blocqueville a consacrée à la mémoire de son illustre père. Pour qui lit attentivement, le contraste est grand en effet entre ces volumes et les précédents. Dans les premiers, nous assistions au déroulement des chances heureuses ; alors tout était lumière, victoire, triomphe ; mais voilà que l'année 1809 est venue et qu'elle a marqué le point culminant de cette fortune. Désormais il n'y a plus de place dans la destinée de Davout que pour la série des chances contraires pour lui. Tristes années, que celles qui sont comprises entre les dates de 1811 et de 1816. Tout est sombre en lui et autour de lui. Sa foi en Napoléon n'est plus entière comme autrefois, sa confiance en sa propre étoile s'est obscurcie. Le sort s'acharne à ne l'entourer que de circonstances défavorables ou à ne lui présenter que de décevantes occasions de gloire. Ces champs de Russie, où il combattra si bravement, il les traversera sans y trouver une bataille qui soit l'égale d'Auerstaedt et d'Eckmühl ; cette défense de Hambourg, où il montrera des qualités de premier ordre, s'effacera au milieu des péripéties de l'effondrement de l'empire ; les tâches que lui imposera la volonté d'un maître impérieux seront ingrates pour sa renommée autant que périlleuses pour son honneur. Et cependant, en dépit de la malignité du sort, il n'y aura dans la seconde partie de cette carrière, non plus que dans la première, un seul revers, une seule défaite, une seule flétrissure à l'honneur ; bien mieux, de tous ces éléments ingrats il réussira à tirer une gloire nouvelle, stérile en comparaison de celle qu'il avait acquise déjà, mais une gloire véritable. Et à quoi ce résultat a-t-il tenu, sinon à l'opiniâtreté sagace avec laquelle il a su arracher à la fatalité tout ce qui pouvait lui être disputé par prudence, fermeté et loyauté? Ces relations si sourdement tendues entre lui et Napoléon, à quelles fâcheuses extrémités ne pouvaient-elles pas aboutir si, au lieu d'y porter son endurance stoïque et sa discrétion pleine de fierté, il y eût porté l'orgueil rancuneux d'un Moreau, la cauteleuse finesse d'un Bernadotte, voire simplement l'ardeur violente d'un Ney ou d'un Murat? Quel piège pour l'honneur de tout autre que cette mission de Hambourg où il lui était si facile d'imprimer à son nom cette marque sinistre qui distingue dans l'histoire les exécuteurs des volontés royales implacables! C'étaient là de difficiles et souvent délicates épreuves; pourtant Davout a réussi à en sortir intact et toujours égal à lui-même, en sorte que ces chances contraires sous lesquelles il pouvait sombrer n'ont été que la rançon de sa gloire et l'équivalent de ces accidents inoffensifs que demandait la prière de l'avisé dévot de l'ancien monde.

I

VIE DE FAMILLE DE DAVOUT ENTRE 1809 ET 1815. — SES OPINIONS SUR LES FEMMES ET L'ÉDUCATION. — SON STOÏCISME.

Dans la première partie de cette étude nous avons dit quels rapports tendus existaient depuis la bataille d'Auerstaedt entre Napoléon et Davout. La conscience de l'injustice commise du côté de Napoléon, le sentiment de l'injustice subie du côté de Davout avaient, comme de concert, élevé entre eux un mur de glace que rien ne put plus jamais fondre entièrement. De là une situation douloureuse dont nous avons entendu Davout se plaindre maintes fois dans sa correspondance avec la maréchale et que, dans Ségur, nous voyons Napoléon déplorer avec une tristesse probablement sincère devant le vainqueur d'Eckmühl même, après la fameuse querelle avec Berthier, à Marienbourg : « Il m'arrive quelquefois de douter de la fidélité de mes plus anciens compagnons d'armes, mais alors la tête me tourne de chagrin, et je m'empresse de repousser de si cruels soupçons. » Cette situation, les ennemis qui ne pouvaient manquer à Davout l'exploitaient auprès de l'empereur, dont ils s'appliquaient à raviver ou à accroître les défiances, et leurs manœuvres réussissaient d'autant mieux que Davout n'était presque jamais présent pour les prévenir ou les confondre, et que son caractère altier dédaigna toujours de leur accorder la moindre attention. Les talents mêmes de Davout pour l'organisation et l'administration militaires étaient tournés contre lui et servirent maintes fois de prétexte pour lui refuser les occasions d'un accroissement de gloire, car Napoléon, qui les connaissait par heureuse expérience, l'employait le plus qu'il pouvait à lui créer ou à lui conserver des armées, tâche difficile, qui réclame des facultés au moins égales à celles que demandent les champs de bataille, mais qui parle moins à l'imagination du vulgaire que la plus petite victoire. C'est ainsi que nous le voyons de 1810 à 1812 cantonné sur l'Elbe, organisant l'armée du Nord, immobilisé à Hambourg en 1813 et en 1814, confiné au ministère de la guerre en 1815, pendant le suprême effort de la dernière lutte. De tels hommes aiment les querelles franches et à ciel ouvert, comme le prouvèrent dans la campagne de Russie les scènes de Marienbourg, de Dorogobouge et de Gumbinnen ; mais cette lutte sourde contre une froide malveillance qui refusait de se déclarer était pour lui, il nous le fait sentir à maint passage de sa correspondance, la plus irritante des souffrances. Presque désenchantée de cette mâle passion de la guerre qui lui avait été si chère, son âme, par nature d'un sérieux terrible, se replia sur elle-même, s'enveloppa plus que jamais de taciturnité, et il vint un moment où cet homme si fortement trempé ne respira plus que du côté de la famille.

Eh bien, ce sentiment même par lequel désormais, — c'est lui qui nous le dit, — il était seulement heureux, il ne pouvait le connaître que contrarié et le satisfaire qu'à la dérobée. Dure existence en vérité que celle d'un soldat de ce temps-là! Depuis son retour d'Égypte, c'est à peine si Davout avait revu la France autrement que pour assister comme grand dignitaire aux cérémonies qui marquaient un changement dans le régime napoléonien. Il y était revenu pour les cérémonies du sacre, et six ans après pour le mariage de l'empereur avec Marie-Louise; les

Pays-Bas, l'Allemagne, la Pologne s'étaient partagé le reste de ses années. Dans cet exil que lui faisait sa haute situation, il n'assistait que de très loin aux péripéties des existences qui lui étaient chères. Des enfants lui naissaient sans qu'il pût les voir entrer dans le monde, et il s'écoulait souvent de longs mois avant qu'il leur donnât ses premières caresses; il y en eut même qui moururent avant qu'il eût le temps de les connaître. Cette compagne qu'il adorait, il ne pouvait l'appeler auprès de lui que dans les rares moments d'éclaircie, entre deux batailles, pendant une trêve ou un armistice, au lendemain d'une paix bien vite rompue, et c'était toujours pour un temps trop court à son gré. Encore la maréchale, retenue qu'elle était en France par les soins de sa maison et les affaires de la fortune commune dont elle avait la direction, par ses fréquentes grossesses, par la santé de ses enfants, ne pouvait-elle pas toujours profiter de ces occasions fugitives; de quoi le maréchal se lamentait et souvent se dépitait. Les seules querelles qu'il ait jamais faites à la maréchale, cette longue correspondance en fait foi, eurent toujours pour origine le mécontentement où il était de ne pas la voir assez souvent. Il y a dans les négociations conjugales (c'est le mot propre) qu'il employait pour faire aboutir ses désirs, une délicatesse où se trahit une âme aussi digne que tendre. Quand il appelle la maréchale auprès de lui, l'invitation n'est jamais expresse; il se contente d'insinuer qu'il serait heureux si elle profitait de telle ou telle circonstance favorable. La maréchale montre-t-elle quelque hésitation ou oppose-t-elle un refus motivé, il n'insiste plus; mais à l'accent singulier de tristesse par lequel il exprime ses regrets, tristesse qui n'est jamais mêlée d'un reproche, on sent que ce cœur susceptible a éprouvé un frisson de froid, et que battant pour ainsi dire en retraite, il se réfugie en lui-même pour souffrir seul, sans vouloir se soulager en faisant porter à sa compagne la responsabilité de sa déception.

Mais aussi quelle ivresse lorsqu'il a pu se sentir époux et père en réalité pendant quelques semaines! Les premières lettres qui suivent chacune des visites de sa femme nous le disent. La vivacité du souvenir récent prolonge pour ainsi dire la présence de la maréchale, après qu'elle s'est éloignée, comme le jour se prolonge encore après que le soleil a disparu derrière l'horizon; elle a laissé après elle des traînées d'amour qui, dans les premiers moments au moins, dissimulent son absence; elle a remis le cœur de son mari au ton d'une vie passionnée dont il refuse d'abandonner l'habitude et qu'il continue ingénieusement après le départ par le moyen des songes. La personne aimée n'est plus là, mais les yeux ont gardé d'elle une image toute fraîche qu'ils transmettent à l'âme pendant les heures où le sommeil la délivre de la vulgaire tyrannie de la perception immédiate. Il se voit encore entouré de la famille qui vient de le quitter, il reçoit les caresses de ses enfants, partage leurs jeux, et au réveil son premier soin est de noter ces rêves heureux. Ces rêves sont si nombreux qu'ils finissent par constituer une particularité psychologique des plus significatives; ils suffisent à dire en effet combien Davout aimait les siens. La rédaction en est quelquefois très gaie, et plus souvent encore touchante; mais, pour mettre le lecteur mieux à même d'en juger, tirons de cette correspondance deux ou trois exemples de ces hallucinations d'amour.

Thorn, 21 avril 1812.

Après un départ de la maréchale. — La nuit passée, j'ai été avec mon amazone de Stettin, et lorsque j'ai eu la certitude que c'était un rêve, j'ai éprouvé un chagrin bien vif; pendant plus d'une heure j'étais comme un enfant; il me semblait depuis bien longtemps, mon Aimée, que mon attachement pour toi ne pouvait plus s'accroître, mais ce dernier voyage m'a donné la certitude du contraire...

Dresde, 18 mars 1813.

Ta lettre m'est parvenue sur les minuit; je me suis endormi après sa lecture, et pendant tout mon sommeil j'ai été dans mes rêves avec toi et nos enfants. Louis est à *dada*, nos deux petites me tiraient par le nez pour que je m'occupe toujours d'elles. Aimée était avec Jules sur mon autre genou, et c'était d'elle que j'étais le plus occupé.

Hambourg, 13 août 1813.

Au lendemain d'une visite de la maréchale pendant l'armistice. — Ma chère Aimée, j'ai éprouvé, le dernier mois qui vient de s'écouler, que plus je te connaissais et plus mon amour et mon attachement pour toi s'augmentaient ; je conserverai bien longtemps le souvenir des vingt jours que j'ai passés avec toi et nos deux filles. J'étais très ému en me séparant de vous ; j'ai cherché des distractions, j'ai parcouru toute l'île de Wilhemsbourg, le beau parc qui est achevé ; j'étais parvenu à mon objet ; mais en rentrant ici, mon émotion et ma peine se sont renouvelées très vivement. J'ai cru entendre, étant à causer avec quelques officiers, un cri d'une de nos petites, je me suis levé précipitamment pour courir ; la réflexion m'a arrêté...

Schwerin, 26 août 1813.

J'ai passé toute la nuit avec mon Aimée et nos enfants. Je ne regrette pas cette illusion, puisque ce sont les seuplaisirs que je puisse goûter loin de toi. Nous célébrions la fête, celle de Louis et la mienne : j'ai dû faire des impromptus que tu as beaucoup applaudis, et qui t'ont étonnée, ne me connaissant pas poète. Je regrette de les avoir oubliés, je te les transcrirais. Je me rappelle que j'avais dans ce moment l'amour-propre de tous les poètes : je trouvais ces impromptus charmants !

Vous avez remarqué sans doute par l'histoire des héros de tous les temps qu'il est un certain ordre de superstitions qui, bien loin d'être une marque d'imperfection, est au contraire un indice de souveraine élévation d'esprit ou d'extrême puissance d'amour. Le vulgaire des incrédules y voit le point de faiblesse par où les hommes rares se rattachent à la commune humanité, les esprits mieux avisés sont tentés d'y voir au contraire le point par où ils s'en séparent. Non seulement l'âme du maréchal se complaisait aux rêves, mais nous la surprenons en quasi flagrant délit de superstition de tendresse. Le troisième volume de ces Mémoires nous en présente un exemple à la fois lugubre et charmant.

En 1810, la maréchale ayant trouvé à Savigny une délicieuse branche de rosier portant une rose épanouie, deux boutons à demi ouverts et un troisième encore fermé, l'avait donnée à son mari en lui disant : « Voilà ta femme, tes deux filles et notre Napoléon. » Le maréchal la met à sa boutonnière et continue seul sa promenade. La cloche du dîner ne le ramenant pas en dépit de son exactitude ordinaire, la maréchale étonnée sort pour le chercher et le trouve sombre, agité, repassant partout où il avait passé pour retrouver le malheureux troisième bouton. Tous se prirent à chercher avec zèle, car le prince d'Eckmühl était adoré de ses serviteurs, mais le charmant symbole du petit Napoléon demeura introuvable. Six semaines plus tard mourait d'une congestion cérébrale ce splendide enfant, orgueil et joie de ses parents.

De tels détails sont d'infaillibles révélateurs de la nature secrète, et après les avoir lus, on n'est pas tenté de trouver exagérée l'application que l'auteur des présents Mémoires fait à son père de cette parole de Michelet : « Les plus forts sont les plus tendres. »

Si les deux premiers volumes de ces Mémoires nous ont montré en Davout le fils, le frère et l'époux, les deux derniers nous révèlent le père, et c'est peut-être dans ce rôle qu'apparaît le mieux toute la mâle originalité de sa nature. Ses rôles précédents il a pu les remplir en entier, mais ce dernier il ne peut le remplir qu'incomplètement, fragmentairement, par les conseils, par les vœux, condamné qu'il est par sa situation à n'être pour ainsi dire père qu'*in partibus hostium*. Des préoccupations de la nature la plus élevée se mêlaient à ces tristesses de l'absence. Il se demandait ce que serait l'éducation de ses enfants, surtout celle du seul fils qu'il eût alors, et du seul que la mort dût épargner. Il voudrait transmettre à ce fils comme le legs le plus précieux de son héritage, les sentiments qui remplissent son âme, pour qu'il soit à son exemple un dévoué serviteur de la France et de l'empereur que, dans ces années de 1811 et de 1812, il identifie encore complètement à la nation. Il veut qu'il soit élevé sans mollesse, qu'il ait les mêmes passions que lui, les mêmes haines vigoureuses de tout ce qui est ennemi du nom français. Plus tard, lorsque la paix désirée le ramènera auprès de cet enfant et qu'il ne trouve pas sa jeune âme montée au ton de patriotisme militant où il la désire, ne sera-t-il pas trop tard pour faire passer en lui ces souffles d'ardeur guerrière? A maintes pages de cette correspondance, ces inquiétudes paternelles s'expriment avec un tel accent de sombre colère contre nos ennemis d'alors et très particulièrement contre l'Angleterre, qu'involontairement, par une association d'idées qui n'a rien de forcé, le souvenir se reporte à ce grand homme de guerre de l'antiquité qui fut un si bon haïsseur de Rome, et qu'on se dit que c'est à peu près ainsi qu'Amilcar devait faire passer ses colères dans l'âme du jeune Annibal.

Une opinion fort particulière, et tellement caractéristique qu'elle suffirait seule à donner la clef de la nature de Davout, augmentait encore cette inquiétude. Le maréchal redoutait pour son fils l'influence de l'éducation maternelle, et cela par la raison que, selon lui, la préoccupation innée, instinctive des femmes est de dresser les enfants à la prévenance envers leur sexe, en sorte qu'elles font tout tourner en recherches de formes aimables, et qu'en polissant ainsi le caractère elles courent risque de l'émasculer. Elles façonnent l'enfant à la croyance qu'il n'y a pas de devoirs supérieurs aux égards qu'elles ont droit d'exiger, tandis que la véritable éducation consisterait à lui apprendre qu'il y a beaucoup de choses qu'un vaillant homme doit mettre au-dessus de la crainte de leur déplaire ou seulement de ne pas leur plaire. Cette Aimée, dont il estime si fort le jugement, — certaines lettres nous diront bientôt combien cette estime était fondée, — eh bien ! il se défie d'elle sur ce chapitre de l'éducation, et toutes les fois qu'il en est question entre eux, il la semonce amicalement, mais avec une fermeté qui se refuse à toute transaction. Alors il s'élève sans y songer et en laissant courir sa plume aux considérations les plus élevées et à la plus réelle éloquence. Si les présentes pages trouvent des lectrices, c'est à elles qu'il appartient de se prononcer sur cette opinion de Davout; aussi, pour les mettre à même de juger avec impartialité des raisons du procès qu'il fait à leur sexe, nous placerons sous leurs yeux trois admirables lettres qui résument avec une netteté sans égale ses pensées sur ce sujet et montrent à découvert le stoïcisme qui faisait le fond de son être.

Hambourg, 24 janvier 1812.

A Dieu ne plaise que j'interprète comme tu le fais les sentiments de mon excellente amie ! je sais que ses observations lui sont dictées par son attachement et par notre intérêt commun. Cela me suffit pour interpréter tout en bonne part... je désire que tu ne prennes pas en mauvaise part mes réflexions sur les sentiments que tu veux donner à Louis sur ton sexe. Jamais, mon Aimée, nous ne serons du même avis à ce sujet. Si j'avais à juger ton sexe d'après toi, je serais en accord d'opinion ; mais je le juge tel qu'il est; et l'homme qui se laisse dominer par lui, qui s'en occupe beaucoup, ou je me trompe, ou il sera toujours de l'espèce des médiocres. A qui les femmes donnent-elles leurs suffrages, leurs préférences ? C'est à celui qui s'occupe beaucoup d'elles, parce qu'elles rapportent tout à elles, à leur vanité. Ainsi, par exemple, le général Friant, qui n'a pas le verbiage du général X..., ni du général Y..., ne sera pas apprécié ; et ces individus, qui ne sont peut-être propres qu'à avoir des prévenances ou des petits soins, seront préférés, et l'homme qui sert bien l'État ne le sera pas. Les femmes ont toujours été ainsi faites et ont eu cet esprit dans tous les rangs. Tout le monde connaît la *leçon de Louis XIV*... Ce roi, si faible cependant envers les femmes, s'apercevant que la duchesse de Bourgogne riait de la vilaine figure d'un militaire, lui dit : « Madame, vous avez tort ; cet homme est le plus bel homme de mon royaume, car il en est le plus brave. » Je te parle ici avec tout le désintéressement possible, car je ne veux d'autre préférence que la tienne ; or, dans la place où je suis, on est toujours préféré, parce que les femmes vous préfèrent uniquement parce que vous avez le pouvoir. Ainsi, qu'un général en chef soit vilain, soit heureux ou malheureux à la guerre, peu importe ; il est général en chef, cela est suffisant. Je sais bien, et par ton exemple même, qu'il y a des exceptions, mais ce sont des exceptions.

Voilà bien de l'érudition en pure perte ; je ne convertirai pas mon Aimée ; mais lorsque notre *Bouton de rose* [1] sera en âge d'être laissé à son père, le bon sens de mon amie l'abandonnera à mes soins... En attendant cet âge, mon Aimée, ne souffre pas qu'on l'amollisse, élève-le un peu durement, pour que les bivouacs ne lui paraissent pas si extraordinaires...

Hambourg, 16 février 1812.

Lorsque je t'ai annoncé que je redoutais pour mon fils

---

1. Louis, second fils du maréchal, avait été surnommé par ses parents *Bouton de rose* en souvenir de la mélancolique anecdote que nous avons rapportée plus haut.

l'éducation que tu pourrais lui donner, je n'ai pas eu l'intention de t'affliger, mais je t'ai exprimé ma conviction. Tu voudrais lui inspirer des idées sur ton sexe, sur les égards, les déférences qu'on lui doit qui n'en feraient qu'un homme fort ordinaire dans notre état. Je ne doute pas que cela ne lui valût du succès dans les cercles de femmes; on dirait qu'il est bien plus aimable que son père, mais je doute fort que cet ascendant que ton sexe aurait sur lui le rendit bien propre à occuper dignement de grands emplois pour le service de son souverain. J'en appelle à ta conscience : Certes, je t'estime plus que presque toutes les autres femmes : eh bien! où en serais-je si tes propos avaient pu m'influencer dans différentes occasions ? Si tu m'avais communiqué ton humeur, dont je n'ai jamais pu connaître le motif, est-ce que cela n'eût point ralenti mon zèle et mon amour pour le service de l'empereur, qui seuls peuvent me soutenir dans le travail rebutant et l'isolement où je suis, et auquel je succomberais si, à chaque minute, je n'étais soutenu par l'amour de mes devoirs! Ce sont peut-être des circonstances qui ne se présenteront plus qui m'ont fortifié dans mes opinions. Mes inquiétudes sur l'éducation de mes enfants ne s'étendent pas sur nos filles; je sais qu'elles seront bien élevées par toi, que leur éducation sera d'autant meilleure qu'elles auront sous les yeux la conduite de leur mère.

Hambourg, 21 février 1812.

Nous avons bien de la peine à nous entendre, mon amie. Je ne prétends pas élever notre petit Louis dans une mauvaise idée des femmes : à Dieu ne plaise! mais je ne négligerai rien pour qu'elles ne puissent avoir aucune influence sur lui. Je ne crois pas être malhonnête envers ton sexe : tu as même fait la remarque que j'avais plus de procédés vis-à-vis de lui que la plupart des hommes ; mais je me suis toujours défendu de me laisser influencer par lui. Parcours notre histoire de France, et j'aime à croire que tu partageras mon opinion. Certes les femmes avaient bien de l'esprit, et un ton parfait, sous la régence d'Anne d'Autriche; malheureusement elles n'avaient que trop d'esprit, et, pour des querelles de vanité, elles ont soufflé le feu de la discorde et été en grande partie la cause des troubles du temps. On cite encore un des grands seigneurs qui s'est jeté dans le parti contraire au roi pour les beaux yeux d'une femme. Ayant perdu un œil à la bataille Saint-Antoine, il se présenta le soir du combat chez elle, et pour la toucher, il lui dit que pour l'amour d'elle, en faisant la guerre au roi, il a perdu un œil, mais que pour le même motif il l'eût faite aux dieux. Vois de nos jours le sort des pays où les femmes ont une grande influence. La Prusse a été perdue par elles, et deux fois l'Autriche, encore par les femmes, a été poussée à la guerre. Tout cela n'est point écrit pour contrarier tes idées, mais pour justifier les miennes. Si toutes te ressemblaient, toutes seraient de bonnes mères de famille, et cela vaut bien ces petites réputations du moment acquises souvent aux dépens de ses devoirs.

Le stoïcisme, venons-nous de dire, faisait le fond de l'être de Davout. En effet, on en remarque en lui les germes dès un âge si tendre, qu'on est autorisé à avancer cette assertion; il faut cependant s'entendre sur ce point. On aura certainement remarqué dans les lettres qui précèdent que la fermeté des principes n'y nuit en rien à la tendresse des sentiments. Davout sait rester inflexible sur le sujet le plus chatouilleux pour les ambitions innées du cœur féminin, sans que cette inflexibilité affecte aucun caractère tranchant et puisse blesser celle dont il nie résolument les privilèges traditionnels. Un tel art des ménagements n'existe pas à ce degré de délicatesse chez les stoïciens de nature, qui sont d'ordinaire d'un dogmatisme plus absolu et se distinguent rarement d'ailleurs par ces ardeurs amoureuses qui sont si puissantes chez Davout. Il faudrait donc en conclure que ce stoïcisme était plutôt acquis que naturel, mais acquis comment? Ce n'était pas par expérience; le stoïcisme qui est dû à l'expérience naissant d'ordinaire d'une réaction indignée contre la fortune ou contre les hommes, n'est en somme qu'une variété de la misanthropie, et se laisse aisément reconnaître à ses allures de violence, au ton chagrin de son humeur, à sa complaisance pour les paroles acerbes, et tel n'est jamais le cas de Davout. Plus nous étudions attentivement son caractère, et plus nous restons persuadé que son stoïcisme avait été créé par la réflexion, c'est-à-dire qu'il s'était proposé de bonne heure un certain modèle moral et qu'il s'était appliqué en toute circonstance à le réaliser en lui.

Ce stoïcisme tout volontaire enté sur une nature passionnée était bien fait pour frapper, et il semble en effet avoir frappé plus d'un contemporain. Voici à ce sujet une singularité qu'il serait téméraire sans doute de donner comme un fait certain, mais qui est trop curieuse pour n'être pas signalée. Le chevalier de Boufflers, dont la vie se prolongea jusqu'en 1815, se trouva ainsi, quoique appartenant à une génération bien antérieure, le contemporain de Davout en tout temps, et il l'avait connu certainement. Davout, en effet, était parent de la célèbre Mme de Montesson, dont Boufflers fréquentait le salon sous le consulat, et où la maréchale racontait qu'elle l'avait souvent rencontré. Boufflers avait été militaire dans sa jeunesse; en cette qualité, il devait être plus particulièrement curieux que les autres beaux esprits de l'époque de comparer la nouvelle génération de soldats qui s'élevait sous ses yeux dans des circonstances si extraordinaires avec celle qu'il avait connue sous l'ancien régime, et l'originalité d'un caractère tel que celui de Davout ne pouvait manquer de le frapper. Ce fut un talent fort léger sans doute, mais qui eut souvent des démangeaisons d'être sérieux; or jamais ce prurit bizarre n'a été aussi évident que dans une certaine œuvre de ses dernières années, un conte oriental où ce genre cher depuis les *Lettres persanes* à tous les libertins de la plume a subi une transformation qui n'est pas sans quelque noblesse. *Le Derviche,* tel est le titre de ce conte dont la date est 1810, se passe dans une Inde de fantaisie où l'on voit cependant que l'auteur a profité des premières révélations des orientalistes, et a pour héros principal un soldat de fortune du nom de Mohély qui offre avec Davout des caractères de ressemblance fort étroits. Mohély est un Davout peint avec imperfection sans doute, surtout sous le rapport de la couleur, qui est d'une sentimentalité fade, mais avec une précision dans le dessin des traits principaux qui fait soupçonner une intention de portrait. Même taciturnité noble, même sérieux d'âme, même sensibilité contenue, même dédain des vains propos et des intrigues de caserne, même mépris des lâches et des soldats de parade, même amour de la discipline, et, ce qui est plus extraordinaire, même manière d'entendre la guerre et de se renfermer avec fermeté dans les lois strictes qu'elle impose sans les exagérer ni les amoindrir. Voilà pour les traits de caractère ; quant au roman même de Mohély, il n'est pas non plus sans offrir plus d'une analogie avec l'histoire de Davout. Mohély est au service d'un conquérant indien que Boufflers nomme le grand Ackbar et dans lequel il n'est pas difficile de reconnaître Napoléon. Enfant, il avait été exactement ce que fut Davout bambin au rapport de sa mère, c'est-à-dire faisant grand tapage avec grand sang-froid, avec cela le fils le plus respectueux et le plus soumis. Il est présenté comme le fils d'un derviche qui l'avait maudit dans sa jeunesse pour son trop d'ardeur à chasser, malgré sa défense, les bêtes féroces, et s'était repenti plus tard de sa malédiction ; ici l'analogie cesse d'être claire, mais si l'on ne perd pas de vue que ce conte est écrit en plein empire par un ex-émigré d'opinions assez flottantes, il n'est pas impossible que ce derviche ne soit là pour représenter l'ancienne société française à laquelle appartenait Davout par sa naissance et dont il s'était si nettement séparé à l'époque de la révolution. Il est évident qu'en écrivant ce conte Boufflers avait dans l'esprit un certain type militaire qu'il a voulu présenter comme l'idéal du soldat, par opposition au type bruyant et fanfaron qui était traditionnellement plus en faveur. Est-ce Davout qui, sans le savoir, a posé pour cet idéal du vieux Boufflers, ou cette rencontre est-elle fortuite? Ce qui nous persuade qu'elle ne l'est pas, c'est que, outre toutes les analogies que nous avons signalées, on retrouve textuellement dans ce conte quelques-unes des formules militaires les plus caractérisques de Davout et qu'il se plaît à répéter le plus fréquemment, celle-ci par exemple : faire à l'ennemi tout le mal nécessaire, mais ne lui faire que le mal nécessaire, et réprimer impitoyablement tout mal qui n'aurait pas pour but unique le succès de la guerre. C'est cette règle, toujours présente à l'esprit de Davout, qui a dirigé toute sa carrière militaire, que nous le voyons appliquer dans ses gouvernements de Pologne et de Hambourg avec une invariable fermeté, et regretter de ne pas trouver suivie dans la campagne de Russie, où elle aurait prévenu les désordres qui, dès les premiers mouvements de la grande armée, marquèrent cette colossale entreprise. Voici enfin une dernière raison qui, venant après toutes les autres, paraîtra peut-être décisive. Mohély, qui garde toujours son visage voilé pour cacher une certaine blessure gagnée un jour qu'il a sauvé la vie de son souverain et empêcher ainsi par modestie que l'auteur de cet acte ne soit découvert est représenté par Boufflers comme un héros méconnu, victime de ses hautes qualités et que son trop grand amour du silence laisse dans une sorte d'infériorité ; c'est la situation même de Davout à la date de ce conte, et il faut avouer que cette blessure voilée de Mohély représente assez bien la douleur discrète dont le vainqueur d'Auerstaedt souffrait depuis cette journée.

II

AMITIÉS ET HAINES DE DAVOUT.

Après les affections de la famille, l'amitié est peut-être le sentiment que Davout a le plus fortement éprouvé, et il l'a connu d'autant mieux que, ne disséminant pas les forces de son cœur, il pouvait les porter tout entières sur ceux qu'il avait une fois choisis, et ceux-là furent toujours en petit nombre. Son amitié était aussi durable que forte, car, n'étant pas déterminée par les qualités brillantes, l'éclat du rang ou les vulgaires entraînements de la nature, mais par les qualités solides à l'user, elle ne s'adressait qu'à cette race d'hommes qui n'ont jamais besoin d'indulgence et se trouvait ainsi assurée d'avance contre tout incident qui aurait pu la faire cesser ou l'amoindrir. La sévérité qu'il portait en toutes choses, le protégeant contre les choix douteux ou les sympathies passagères, le servait en cela merveilleusement. Quant au genre d'amitié que la vie des camps engendre et favorise plus que tout autre, Davout ne lui sacrifia jamais. On peut dire de lui en toute exactitude qu'il eut des intimes et ne connut pas la camaraderie. En aucune occasion, nous ne surprenons chez lui la tolérance, si souvent dangereuse, qu'entraîne presque nécessairement cette forme un peu vulgaire de l'amitié. Dès que l'intérêt de ses fonctions l'exigeait, il arrêtait net toute familiarité, même la plus naturelle et la plus légitime; nous avons dit, dans un précédent chapitre, comment il exigeait le respect des formes hiérarchiques, même au sein de sa famille. Nous ne croyons pas que jamais personne ait mieux connu la portée du fameux adage : Familiarité engendre mépris. C'est là un adage passé à l'état de lieu commun, dira-t-on peut-être. Sans doute, mais toute saine morale n'est faite que de lieux communs, et la vie n'a d'honnête direction qu'à la condition de ne prendre conseil que des lieux communs. Un tel homme n'était guère capable de se laisser, par complaisance amicale, induire en sottise.

Voici, entre beaucoup d'autres, deux exemples très remarquables de la résistance immédiate qu'il savait opposer aux empiétements téméraires ou irrespectueux de la camaraderie. Il était lié avec Oudinot par la plus ancienne confraternité d'armes, si bien que, lorsqu'ils s'écrivaient, même pour les nécessités du service, ils employaient le tutoiement et se dispensaient des formules officielles obligatoires. Il était à peine installé au ministère de la guerre en 1815 qu'il apprit qu'Oudinot s'était reporté sur les places frontières, et particulièrement sur Metz, que menaçait l'ennemi sous le coup des colères soulevées par le retour de l'île d'Elbe. Croyant, ou peut-être feignant de croire que cette démonstration patriotique implique une adhésion au second gouvernement de Napoléon, Davout écrit à Oudinot sur le ton de leur ancienne camaraderie pour le féliciter et l'engager à persévérer de la part de l'empereur, dont, lui dit-il, il lui transmettra désormais les ordres. La réponse d'Oudinot, écrite avec la même familiarité, ne se fait pas attendre. Affirmative sur le point de la défense patriotique du territoire, elle repousse toute adhésion au gouvernement de Napoléon avec une franchise quelque peu balbutiante et une dignité mêlée d'un certain trouble assez naturel en telle circonstance à un duc et maréchal de l'empire. Immédiatement toute familiarité cesse du côté de Davout, le tutoiement disparaît, et sans essayer d'une gronderie ou d'une supplication amicale où il aurait compromis son caractère et son autorité, il expédie à son vieux camarade l'ordre de se retirer dans ses terres en Lorraine avec la plus froide politesse administrative.

Le second exemple est plus significatif encore. Davout avait été en longues et bonnes relations avec Rapp, qu'il avait couvert plusieurs fois contre les boutades souvent brutales et injustes de Napoléon pendant que ce général commandait à Dantzig. Or, un jour de cette même année 1815, dans une heure de mauvaise humeur, Rapp, ayant envoyé à Davout une réclamation à propos d'un certain officier, s'en attira cette réponse, dont la verdeur ne laisse rien à désirer et qui mérite d'être citée comme témoignage de la fermeté avec laquelle Davout savait imposer le respect, même aux hommes les plus rapprochés de lui dans l'échelle hiérarchique.

6 mai 1815.

Mon cher Rapp, je me suis borné à vous envoyer la commission de l'officier Thabet, mais je vous déclare d'amitié que, si je recevais une seconde lettre de ce style, je cesserais d'être ministre de la guerre ou vous cesseriez de commander un corps d'armée. Vous n'avez pas fait dans cette circonstance preuve de sagacité. Vous devez me connaître assez pour savoir que de pareils moyens sont indignes de mon caractère. Je ne connais cet officier ni d'Ève ni d'Adam ; j'ai signé sa commission, comme tant d'autres, de confiance. S'il est indigne de porter notre uniforme, adressez-moi des plaintes, il en sera fait justice. S'il n'est pas en état d'être officier d'état-major, faites-le connaître, on le changera. En attendant, employez-le où vous le jugerez à propos; mais point de ce style ni de cette manière d'agir. Je vous le répète, je ne le souffrirai pas.

Depuis les jours de sa jeunesse où il avait vu périr à de si courts intervalles tous ceux qu'il aimait le plus, Marceau, Desaix, son beau-frère Leclerc, Davout avait toujours été heureux du côté de ses amitiés. La mort, qui faisait sur les champs de bataille tant et de si riches moissons, n'avait touché à aucun de ses compagnons d'armes préférés, mais enfin, en 1812, la chance contraire l'emporte, et il n'y a plus une seule bataille, pas même un simple combat qui ne lui enlève quelqu'un de ceux qu'il tient le plus en estime. C'est Gudin qui ouvre la marche, Gudin qui avait presque toujours servi sous ses ordres, celui de ses généraux qu'il affectionnait le plus et à juste titre, car il était pour ainsi dire un autre lui-même, un Davout au second plan, *dont la valeur réglée,* selon l'expression de Ségur, *n'aimait à affronter que les dangers utiles,* Gudin tombe les deux jambes emportées par un boulet à la bataille de Valoutina. A partir de ce moment la correspondance du maréchal est un véritable nécrologe; pas une lettre qui ne renferme quelque annonce de mort. Aussitôt après Gudin meurt Montbrun, qui avait aussi servi sous ses ordres, et dont il avait dit un jour plaisamment, après une de ces équipées que sa sévérité tolérait peu et dont le brillant officier était trop souvent coupable : « Si j'avais deux Montbrun, j'en ferais pendre un. » Presque en même temps lui arrive de Paris la nouvelle de l'assassinat du général Hulin, avec lequel il avait été en bons rapports depuis l'époque du consulat, caractère rude et un peu brutal, s'il faut en croire les récentes révélations de Mme de Rémusat sur la mort du duc d'Enghien, mais qu'il aimait pour l'amour que ce soldat portait à Napoléon. Puis c'est le tour de Bessières, puis celui de Duroc, de toutes ces pertes la plus sensible peut-être au cœur de Davout. D'autres moins illustres et pouvant moins se promettre de laisser leurs noms à la postérité, mais chers à Davout par l'estime qu'ils lui ont inspirée dans leurs fonctions plus modestes ou plus obscures, disparaissent en même temps, le comte de Chaban, son utile et dévoué collaborateur dans l'administration de Hambourg, et un certain colonel Grosse, un de ces vaillants dont les chefs seuls connaissent les éminentes qualités et qui sont le sel des armées. La douleur qu'il ressent de ces pertes répétées s'ajoute à la somme déjà si grande de ses souffrances et contribue à assombrir encore sa vie. Sans doute tous ces morts ne sont pas également regrettés : il en est qui n'emportent qu'une parole d'estime, d'autres qu'un adieu attristé, mais trois au moins sont pleurés avec de véritables larmes, Gudin, Duroc et cet obscur colonel Grosse. Arrêtons-nous un instant devant ces expressions de virile douleur qui nous diront comment ce stoïque savait aimer.

A douze lieues de Smolensk, sur la route
de Moscou, 20 août 1812.

J'ai à te donner, ma chère Aimée, une bien mauvaise commission, celle de préparer Mme la comtesse Gudin à apprendre le malheur qui vient d'arriver à son bien estimable mari dans un combat où sa division s'est couverte de gloire. Il a eu une cuisse emportée et le gras de l'autre jambe fracassé par un obus qui a éclaté près de lui : il est peu vraisemblable qu'il en revienne. Il a supporté l'amputation avec une fermeté bien rare : je l'ai vu peu d'heures après son malheur, et c'était lui qui cherchait à me consoler. On ne me remue pas facilement le cœur, mais lorsqu'une fois on m'a inspiré de l'estime et de l'amitié, il est tout de feu. Je versais des larmes comme un enfant. Gudin a observé que je ne devais pas pleurer ; il m'a parlé de sa femme et de ses enfants, dit qu'il mourait tranquille sur leur sort, parce qu'il connaissait toute la bienveillance de l'empereur envers ses serviteurs, et qu'il emportait avec lui la certitude que je ferais ce qui dépendrait de moi pour sa famille. Tu peux assurer Mme Gudin, si elle a le malheur de perdre son mari, que je justifierai dans toutes les occasions les sentiments et la confiance de son mari. Je prendrai près de moi ses aides de camp...

Moscou, 20 septembre.

... La lettre du duc de Frioul a préparé Mme Gudin à son malheur. Celles de moi, qu'elle a dû recevoir le lendemain ou le surlendemain, lui en auront donné la triste confirmation. Assure-la que je serai fidèle aux engagements que j'ai contractés vis-à-vis du général à ses derniers moments, et que je porterai à ses enfants le même intérêt qu'aux nôtres. J'ai rarement éprouvé dans ma vie des sentiments aussi pénibles que ceux que m'a causés la mort de Gudin, dont je savais apprécier toutes les belles qualités. Je serai fidèle à l'amitié et à l'estime que je lui portais.

A la mort de Duroc, la douleur de Davout est d'une vivacité exceptionnelle; il y revient jusqu'à trois fois.

Haarbourg, 29 mai 1813.

Ma chère Aimée, en apprenant les résultats heureux et décisifs de la bataille de Bautzen, j'ai reçu la nouvelle la plus affligeante, celle de la mort du duc de Frioul, qui a été tué par un boulet perdu. J'ai ressenti dans ma vie très fortement deux pertes : celles du général Desaix et de ton frère ; celle du duc de Frioul m'a autant frappé. C'est une perte irréparable pour l'empereur. Je cherche à me faire illusion, j'ai lu au moins dix fois la lettre où le major-général m'annonce ce malheur, espérant toujours avoir mal lu. Je ne pourrais t'entretenir aujourd'hui d'autre chose : je te quitte pour ce motif.

Hambourg, 5 juin 1813.

J'ai reçu, mon amie, ta lettre du 30 mai. Lorsque tu écriras à la duchesse de Frioul, parle-lui des vifs regrets que je partage avec tous les fidèles serviteurs de l'empereur et les bons Français. Cette perte est irréparable pour l'empereur. J'ai lu la relation de ses derniers moments ; ce récit a renouvelé ma douleur, il m'a fait verser des larmes comme un enfant. Tu sais que ton Louis n'est pas prodigue de son estime, il en portait une bien grande au grand maréchal, qui avait un beau caractère, et c'est surtout sous ce rapport que cette perte est irréparable : l'empereur pourra trouver quelqu'un d'aussi attentif, ce qui lui sera encore difficile, mais il n'en trouvera pas d'aussi exempt que lui des petites passions.

Hambourg, 6 juin 1813.

J'ai encore lu ce matin le *Moniteur* qui rend compte des derniers moments du duc de Frioul. Quelle perte, mon amie, pour l'empereur, dont il avait toute la confiance ! Il avait justifié cette confiance par sa conduite, depuis qu'il était près de la personne de l'empereur. Il avait un tact, un aplomb, un sang-froid extrêmes. Je le regrette vivement et ne me puis faire à sa perte ; c'est surtout mon dévouement pour l'empereur qui m'occasionne ces regrets ; cependant je dois avouer qu'il y entre aussi quelque chose qui m'est personnel, car j'ai eu occasion d'être convaincu que jamais le duc de Frioul n'a partagé, pour ce qui me concerne, les petites passions de bien des gens ; il a toujours apprécié mon dévouement, et, sous ce rapport, il m'a conservé dans toutes les circonstances estime et amitié. Excuse-moi, mon amie, de ne t'entretenir que de ce triste sujet, mais j'en suis rempli, et avec qui pourrais-je mieux m'épancher qu'avec mon excellente Aimée ?

L'oraison funèbre du colonel Grosse est singulièrement originale dans sa brièveté. C'est tout à fait une oraison funèbre à la Davout, mâle, laconique, militaire, où éclate brusquement son mépris de la gloire jactancieuse et intrigante.

Massow, 22 août 1813.

Nous avons eu hier une rencontre avec l'ennemi qui, pour le bruit, a été assez vive. Heureusement que notre perte est insignifiante pour le nombre. J'en ai fait une qui m'est bien sensible, celle de Grosse. Il a été tué d'une balle ; j'ai peu connu d'hommes aussi intrépides, aussi actifs : *il avait une grande quantité d'actions éclatantes qu'il ne s'occupait pas de faire valoir.*

N'est-ce pas que cette dernière phrase formerait une épitaphe d'une nouveauté peu commune et bien faite pour trancher avec les banalités élogieuses qui composent trop ordinairement ce genre de littérature funèbre?

Ceux qui aiment fortement font, dit-on, les meilleurs haïsseurs. En était-il ainsi pour Davout? Si l'énergie du caractère prouve quelque chose en telle matière, nous croyons bien que ses haines devaient être d'une solidité à l'épreuve de la mort et du temps; ce qui est tout à fait certain, c'est qu'elles étaient aussi peu nombreuses que ses amitiés. Ce n'était pas le premier offenseur venu qu'il en honorait, et tout bien compté il n'y en a guère que trois qui aient été tout à fait sérieuses : Berthier, Murat et Bernadotte. Quant aux autres ennemis qu'on pourrait citer, il se contentait de ne pas les aimer, et nous ne voyons pas qu'il ait jamais dépassé à leur égard ce qu'on peut appeler la haine passive ou négative. Du reste, nous en sommes réduits aux conjectures sur ce sujet, car les haines de Davout sont parmi les moins loquaces qu'il y ait eu jamais. Ce qu'étaient ces haines pour Berthier et Murat, nous le savons par les scènes de Marienbourg, de Gumbinnen et autres; mais c'est Ségur qui nous l'apprend, et Davout n'ajoute rien à ce que nous a révélé l'historien de la grande armée. Tous ceux qui ont lu l'admirable récit de la campagne de 1812 se rappelleront certainement la dispute de Berthier et de Davout à Marienbourg en présence de l'empereur. Voici tout ce que nous rencontrons sur ce grave incident dans la correspondance du maréchal : « Je n'ai pas eu une occasion pour te donner de mes nouvelles depuis mon départ de Marienbourg, où j'ai eu le bonheur de voir l'empereur; j'éprouvais ce besoin; quelques mots de lui me donnent une nouvelle ardeur et me fortifient contre l'envie qui vous poursuit lorsqu'on ne s'occupe que de ses devoirs et qu'on fait tout pour les remplir. » Rien autre chose, on le voit, qu'une allusion indirecte et lointaine, tellement lointaine qu'il serait impossible de la remarquer si la date ne vous avertissait que ces discrètes paroles s'appliquent, non à quelqu'un de ces ennuis quotidiens dont toute profession est fertile, mais à une querelle mémorable que Ségur nous dit avoir été de la plus extrême violence. Pour Murat, la discrétion est plus grande encore. Dans les lettres écrites de Russie, nous ne surprenons pas la plus petite expression de colère, pas la plus petite trace de ressentiment qui puissent faire soupçonner à la maréchale quels orages il a soulevés ou subis, et il ne tient qu'à elle de croire que, fatigues physiques et périls mis à part, la vie de son mari est la plus sereine du monde. Il attend pour décharger son cœur que la campagne soit finie; mais à Thorn, après le départ précipité de Murat, il éclate enfin et se soulage de sa colère concentrée, à sa façon laconique, par ces deux brusques lignes vibrantes d'un sentiment facile à nommer : « Tu sauras sans doute que le roi de Naples nous a quittés sans crier gare; c'est le vice-roi qui commande : les affaires de l'empereur ici ne pourront qu'y gagner. »

Tout autre est le caractère de la haine que lui inspire Bernadotte. Si invétérée, si profonde, si tenace est celle-là, qu'il en oublie sa discrétion ordinaire et qu'il s'y livre avec le plus redoutable emportement. Que depuis la journée d'Auerstaedt Davout n'eût pour Bernadotte aucun sentiment de reconnaissance ou d'estime, on pouvait aisément le soupçonner; mais quelle était l'étendue et la force de ce ressentiment, voilà ce que les papiers qui nous sont aujourd'hui livrés nous révèlent pour la première fois. Jusqu'à l'accession de Bernadotte au trône de Suède, on ne voit pas que cette rancune, assez légitime, ait jamais cherché occasion de se faire jour. Les relations des deux maréchaux restèrent ce qu'elles devaient être entre dignitaires de cet ordre, froides et réservées du côté de Davout, polies avec une pointe aigre-douce du côté de Bernadotte, ainsi qu'en témoigne certain billet, daté de 1808, qui contraste singulièrement par le ton piqué avec les billets antérieurs à l'affaire d'Auerstaedt, billets fort bien tournés, d'une courtoisie empressée et où se lit le désir évident de plaire. Les événements de 1813 donnèrent enfin à cette animosité longtemps refoulée le prétexte d'éclater. L'expression en fut terrible, et, bien qu'elle soit restée enfermée dans une lettre intime destinée à rester secrète, les oreilles durent singulièrement tinter à Bernadotte un certain soir du mois de septembre 1813, s'il est vrai que toute parole prononcée avec passion va sûrement atteindre celui qu'elle concerne.

Quelques troupes danoises et françaises relevant du commandement de Davout ayant incendié un petit village du nom de Schönberg, le général suédois Wegesach écrivit au général danois commandant à Lubeck pour se plaindre de cet acte, qu'il se plaisait, disait-il, à attribuer à un officier ignorant les lois de la guerre dans les états civilisés, et pour menacer, en cas de récidive, de représailles du prince héréditaire de Suède. Ce ne fut pas le général commandant à Lubeck qui répondit, ce fut Davout lui-même, et sa réponse fut rédigée de sorte que, passant par-dessus la tête du général suédois, elle pût atteindre son ancien ennemi devenu roi, et lui crier que sa conduite avait tenu tout ce que promettait son inaction à la journée d'Auerstaedt. Mais cette réponse, il ne lui suffit pas de l'avoir dictée et d'être sûr qu'elle arrivera à son adresse; puisque cet acte de justice ne doit pas être rendu public, il veut au moins qu'il ne reste pas ignoré de la personne dont l'estime lui importe le plus, et, contrairement à ses habitudes de réserve, il envoie à la maréchale copie de la lettre du général suédois et de sa propre réponse accompagnées de commentaires sur le caractère de Bernadotte, où la véhémence pathétique des malédictions passionnées s'unit à la solennité religieuse de l'anathème. Par une coïncidence des plus singulières, le jour où il annonce cet envoi à la maréchale est celui même où il apprend la mort de Moreau, et il se plaît à associer dans un même sentiment d'exécration ces deux illustres coupables envers la patrie. Nous donnerons cette réponse au général suédois et la lettre d'envoi à la maréchale; ce sont des pièces du plus grave intérêt et qui désormais appartiennent à l'histoire.

Ratzbourg, 11 septembre 1813.

On assure que ce misérable Moreau a été tué dans les

affaires de Dresde : il ne méritait pas cette mort. La postérité en fera justice, ainsi que de tous ces misérables ambitieux qui sacrifient à leur passion patrie et religion. J'ai eu occasion d'exprimer hier ces sentiments à un grand ennemi. Demain je t'enverrai sa lettre et copie de ma réponse.

Réponse à M. le général Wegesach.

Ratzbourg, 10 septembre 1813.

Monsieur le lieutenant général, votre lettre de Wismar à son excellence le général commandant les troupes danoises à Lubeck a été envoyée à M. le maréchal prince d'Eckmühl, commandant les troupes françaises et alliées sur le bas Elbe.

Son Excellence a ordonné de faire prendre des informations sur le fait qui fait l'objet de votre lettre, c'est-à-dire l'incendie de quelques maisons de Schönberg, Son Excellence ne tolérant à la guerre que le mal nécessaire.

Si ce fait n'est point le résultat de ces malheurs qui sont si fréquents et qui ont toujours fait de la guerre un véritable fléau, il sera fait justice des coupables.

M. le maréchal, du reste, n'a pu voir qu'avec plaisir, mais sans étonnement, combien les usages barbares d'incendier le pays révoltent un général suédois, quoique ces maximes aient été tout récemment proclamées par des gouvernements avec qui l'empereur Napoléon est en guerre.

Son Excellence m'a ordonné aussi de vous faire observer, sur votre exposé *que la guerre ne se fait de la part des nations alliées et européennes contre l'em-*

pereur et roi notre souverain que pour la liberté et l'indépendance, que la postérité jugera si c'est là le véritable motif de cette guerre ou si elle n'est point enfantée par l'esprit monopoleur des Anglais et suscitée par quelques ambitieux qui sacrifient à leurs passions religion et patrie. J'ai l'honneur, etc.

Signé : CÉSAR DE LAVILLE.

Ratzbourg, 12 septembre 1813.

Je t'envoie, ainsi que je te l'ai annoncé, la traduction de cette lettre du général suédois et copie de la réponse que je lui ai fait faire, le tout pour toi seule. Chaque jour de mon existence avec toi m'a donné la conviction de ta discrétion et du prix que tu attaches à ce que je t'apprécie sous ce rapport. Ne vois pas dans les derniers mots de la réponse l'expression d'un sentiment ou d'une passion personnels. Je ne suis pas plus exempt des petites passions que les autres hommes; mais je les combats avec bien du soin, et dans cette circonstance, si j'ai signalé ce misérable Bernadotte, c'est par la conviction où je suis qu'il est un des artisans de la guerre actuelle. Je me rends la justice que je n'ai jamais consulté mes affections particulières lorsqu'il a été question de mon souverain. Je n'ai jamais eu contre cet homme le moindre fiel; je l'ai méprisé, lorsque j'ai eu connaissance — et des preuves — de son excessive vanité et qu'il n'avait que l'apparence des bonnes qualités. Tous les coups de canon qu'il fait tirer contre l'empereur et les Français sont autant de titres qu'il acquiert au mépris de la postérité. Cet homme doit tout à l'empereur et au sang des Français; l'empereur a exercé envers lui les plus grands actes de clémence ; — cela ajoute à l'infamie de sa conduite ; j'espère que la justice divine se montrera sévère à son égard.

Une seule expression de cette terrible haine ne lui suffit pas; il y revient à plusieurs reprises et chaque fois pour l'accentuer davantage. Sur la fin de ce même mois de septembre 1813, le bruit d'une déroute du prince de Suède courut à Paris, sur quoi la maréchale fait part à son mari de cette petite scène d'intérieur où se reflètent d'une manière significative les passions du temps. « Léonie (la fille cadette de Davout), entendant dire que le prince de Suède a été battu complètement, a dit : « Il a trahi l'empereur, qui lui a fait tant de bien : il faudrait le pendre! — Mais pourquoi ne veux-tu pas qu'il meure d'un boulet? — Parce qu'il y a trop de braves qui meurent comme cela ! » A ce mot de sa fille, Davout répond par ce commentaire fort bref, mais d'une inexorable précision : « Les réflexions de Léonie m'ont fait plaisir. Elle a exprimé une idée juste : un traître ne devrait finir, — quel que soit son rang, — que par la main du bourreau et non de la mort des braves. »

III

CAMPAGNE DE 1812. — DAVOUT EN FUT-IL PARTISAN? — GUIGNON OPINIATRE QUI LE POURSUIT PENDANT LE COURS DE CETTE EXPÉDITION. — DÉSESPOIR PLUS FORT QUE SA PRUDENCE.

Le retour de la guerre en 1812, dans les conditions où elle s'ouvrait, était peu fait pour diminuer l'état d'âme passablement sombre que nous avons essayé de décrire. Dès le début de la campagne de Russie, Davout semble avoir eu peu d'illusions, ce qui n'est pas pour étonner de la part d'un esprit si clairvoyant. Nous lisons dans une lettre adressée de Thorn à la maréchale, le 13 janvier 1813, presque aussitôt après la fin du désastre : « Je ne veux pas aujourd'hui entrer dans des détails, d'autant plus qu'il y en a quelques-uns qui pourraient t'affliger ; ils te donneraient la preuve que mes pressentiments de tris-

tesse auparavant notre départ se sont réalisés. »
Ces lignes semblent assez claires; gardons-nous cependant d'en exagérer le sens et la portée. Mme la marquise de Blocqueville s'en autorise pour avancer que son père avait été opposé à cette fatale campagne; nous sommes obligé de lui dire qu'à notre humble avis, elle nous paraît se tromper sur l'interprétation qu'il faut donner de ces pressentiments. Ils signifiaient simplement, croyons-nous, que Davout augurait mal de la conduite de cette guerre, des chefs qui lui seraient donnés, des voies et moyens qui seraient employés; quant à l'entreprise elle-même, nous sommes plutôt porté à penser qu'il en admettait la légitimité et la nécessité. Peut-être nous trompons-nous à notre tour, ce qui serait excusable, Davout ayant été le moins parleur des héros; toutefois, nous soumettrons en toute déférence à sa fille les très nombreuses raisons qui nous font penser ainsi.

Et d'abord l'affection bien connue de Davout pour la Pologne. Nous avons dit dans un chapitre précédent l'opinion qu'il avait essayé de faire prédominer en 1807 et en 1808 dans les conseils de l'empereur et qu'il n'a pas tenu à lui que cet infortuné pays n'ait été reconstitué. L'estime qu'il avait réussi à gagner pendant son gou-

13.

vernement de Pologne avait été si vive qu'il s'était formé un commencement de parti en sa faveur ; la politique de Napoléon avait coupé court aux espérances qu'il avait pu concevoir alors, mais ces espérances n'étaient peut-être pas si bien éteintes qu'il pût voir avec déplaisir une entreprise qui s'annonçait comme devant réaliser le projet qu'il avait lui-même recommandé. Tout le monde, en effet, pensait alors que la reconstitution de la Pologne était sinon l'unique, au moins le principal but de la guerre, et Napoléon lui-même autorisait à penser ainsi lorsqu'au début de la campagne, il la qualifiait de seconde guerre de Pologne. Il y avait de si fortes présomptions pour que Davout ne fût pas défavorable à la guerre que, dans l'entourage de l'empereur, nous apprend Ségur, on l'accusait ouvertement de l'avoir désirée et que les Polonais le considérèrent toujours comme un de leurs plus fermes appuis et lui restèrent constamment fidèles. C'est lui, en effet, qui, malgré l'opposition de Berthier, présenta à l'empereur les députés lithuaniens, et l'on sait l'amitié qui l'unissait à différents chefs de la Pologne, notamment au prince Poniatowski. Voici une seconde raison, moins forte que la précédente, mais qui a cependant son prix. On connaît l'opinion que Ségur a exprimée dix fois au cours de son *Histoire:* si la guerre de Russie eût abouti, elle aurait eu pour résultat de mettre la civilisation européenne à l'abri de la catastrophe qui engloutit l'ancien monde. Eh bien, cette opinion, nous voyons Davout l'exprimer par avance en termes presque identiques à ceux qu'emploiera Ségur. « Cette campagne n'aura pas été la moins extraordinaire de celles de l'empereur et la moins utile pour nos enfants, écrit-il de Wiazma à la maréchale ; cela les mettra à l'abri des invasions des hordes du Nord. » Enfin Davout considérait cette entreprise non seulement comme légitime, mais comme possible, et c'est lui-même qui nous le dit dans une relation de la défense de Hambourg écrite sous sa dictée par le général César de Laville.

Cette relation curieuse à tous les titres débute par une apologie de la conduite du prince d'Eckmühl pendant la campagne de 1812 et des résolutions qu'il recommanda à diverses reprises durant le cours de l'expédition. On y lit ces paroles qui portent leur commentaire avec elles : « L'histoire impartiale dira que c'est peut-être aux méfiances qui furent manifestées dès le commencement de la campagne envers ce chef (Davout) et à l'inconcevable confiance que Napoléon eut en deux hommes dont la conduite a prouvé plus tard la légèreté que peuvent être attribués, en grande partie, les malheurs d'une campagne dans laquelle les troupes françaises de toute arme montrèrent plus de calme qu'à aucune époque, mais dans laquelle la direction a manqué. Napoléon fit cette guerre plutôt en empereur qu'en général. Dans le moment décisif, après la bataille de la Moskowa, il était malade, et la grande direction de l'armée était entièrement livrée à Berthier, prince de Neufchâtel, et surtout au prince Murat, roi de Naples. *Peut-être cette campagne, qui après l'évènement a été qualifiée d'extravagance, aurait-elle eu d'autres résultats et eût-elle décidé irrévocablement la grande lutte entre le nord et le midi de l'Europe sans quelques fautes capitales dont la source se trouva dans la funeste influence dont j'ai parlé plus haut.* » Ainsi l'opinion du maréchal est formelle et peut se résumer ainsi : la catastrophe ne dit pas que le succès fût impossible, elle dit qu'il fallait à cette campagne d'autres chefs, d'autres mesures, et chez l'empereur un meilleur état de santé.

Ce n'est pas tout encore; il est une dernière raison la plus probante de toutes, quoiqu'elle soit purement psychologique. Sa correspondance nous le dit; depuis 1810, son inaction lui pesait précisément à cause des relations de froideur où il était avec Napoléon; il aimait trop ardemment ce personnage fascinateur pour ne pas souffrir démesurément de la défaveur voilée qui les tenait éloignés l'un de l'autre. Dès lors comment n'aurait-il pas salué avec une joie secrète une entreprise qui lui donnerait de nouvelles occasions de victoires et lui permettrait par leur moyen de se redresser devant l'empereur et de lui dire : Quel est donc celui de vos compagnons d'armes qui vous a mieux servi, surtout qui peut mieux vous servir que moi? Ce qui prouve qu'il y eut beaucoup de ce sentiment chez Davout, c'est le zèle extraordinaire qu'il montra dans toute cette campagne, zèle qui n'échappa pas à l'attention de ses ennemis et dont ils se firent une arme contre lui auprès de l'empereur. D'un homme aussi circonspect tout se remarque, et il est visible que Davout se prodigue par l'action et par le conseil. On sent qu'il a mis tout son cœur non seulement à travailler pour sa part au succès de l'entreprise, mais à saisir une occasion qui affirmera une fois encore sa supériorité et forcera l'empereur à la reconnaître. Regardez-y bien, et toute l'histoire de Davout en 1812 se résumera dans la poursuite opiniâtre de cette occasion.

Dix fois il crut l'avoir trouvée et dix fois elle lui échappa, non par le fait de la fatalité, mais, circonstance plus irritante et plus amère, par le fait de quelque rival de gloire. A Mohilow, il tenait cette victoire désirée : le refus d'obéissance du roi Jérôme, en permettant à Bagration de lui échapper, réduisit sa bataille à n'être qu'un glorieux combat. A la Moskowa, il crut avoir trouvé le moyen d'obtenir un succès décisif en employant la manœuvre qui lui avait réussi à Wagram, il échoua par le refus de Napoléon d'accéder à sa proposition. Après Malojaroslavetz, lorsqu'il fallut se décider pour une ligne de retraite, il proposa la route de Medyn et Smolensk comme étant la plus courte et celle qui fournirait le plus de ressources : ce fut la route proposée par Murat qui fut choisie, au grand dommage de l'armée. De quelque côté qu'il se tourne, il ne rencontre qu'entraves. Dès le début de la campagne, comme si on craignait que la fortune ne répondît trop vite à son appel, on ampute son corps d'armée de trois divisions et on brise ainsi dans sa main ses instruments d'action. On le place sous le commandement de Murat, c'est-à-dire du chef militaire le plus opposé à sa nature qui se puisse concevoir, et le moins disposé à recevoir ses inspirations, et on le met ainsi dans l'alternative ou de refuser son concours ou de coopérer à des manœuvres qu'il juge des fautes.

Les talents qui jusqu'alors lui avaient été tournés à louange lui sont tournés à reproche. Organisateur et administrateur militaire de premier ordre, il n'avait rien négligé pour que son corps d'armée pût tenir la campagne sans être à la merci de ces accidents qui relâchent la discipline et abattent le moral du soldat. « Tant de soins devaient plaire, dit Ségur, ils déplurent, ils furent mal interprétés. D'insidieuses observations furent entendues de l'empereur. Le maréchal, lui disait-on, veut avoir tout prévu, tout ordonné, tout exécuté. L'empereur n'est-il donc que le témoin de cette expédition? la gloire en doit-elle être à Davout? « En effet, dit Napoléon, il semble « que ce soit lui qui commande l'armée. » Pendant la retraite, fidèle encore à cet esprit d'ordre qui avait toujours été un de ses principaux moyens de succès, il impose à ses troupes et il obtient d'elles, en dépit de leurs cruelles souffrances, une marche lente et méthodique, afin d'éviter toute précipitation qui aurait l'apparence d'une déroute et par là enhardirait l'ennemi : « Mais, dit un témoin, l'empereur se plaignit de la lenteur avec laquelle marchait le premier corps et blâma le système de retraite par échelons qu'avait adopté son chef, disant qu'il avait fait perdre trois jours de marche et par là facilité à l'avant-garde de Miloradovitch les moyens de nous atteindre. »

A cette malveillance, qu'il ne put jamais vaincre, malgré tous ses efforts et toutes ses preuves d'affection, — la première personne que rencontra l'empereur au sortir du Kremlin fut Davout, encore souffrant de ses blessures de la Moskowa, qui se faisait transporter à travers les flammes pour mourir avec lui, — le hasard vint encore ajouter les malentendus et les confusions. Forcé d'évacuer Smolensk, il crut ne pas pouvoir attendre Ney, qu'il fit prévenir du danger qu'il courait, et qui, malgré cet avis, s'obstina à rester jusqu'à entier accomplissement des ordres qu'il avait, dit-il, reçus de l'empereur. On sait les conséquences fatales et glorieuses de ce retard; comment Ney, coupé de Davout par l'armée ennemie, fut obligé de se frayer un chemin par des prodiges d'héroïsme et comment Davout fut acusé de l'avoir abandonné. Il n'en était rien, et au fond, Ney n'avait été victime que de sa propre obstination; mais l'héroïsme dont il avait fait preuve le rendait alors l'objet de l'admiration de l'armée et le favori de l'empereur; or, dans de tels moments et sous l'empire de tels sentiments, on est peu disposé à peser froidement les faits, et il n'y a pas droit de réponse pour la contradiction. Enfin, il vint un jour où l'implacable rigueur de la nature eut raison de son génie méthodique et de son stoïcisme même, où ses soldats, jusqu'alors soutenus par la discipline qu'il leur avait fait accepter et préservés par sa prévoyance contre l'extrême misère, connurent à leur tour les horreurs de la famine et du dénuement. Davout, nous dit Ségur, à plusieurs reprises montra des marques du plus extrême abattement, et on l'entendit s'écrier que des hommes de fer pouvaient seuls supporter de pareilles épreuves. Ce qui s'entassa de douleurs dans son âme pendant cette cruelle campagne, on pouvait aisément le soupçonner, mais sa correspondance nous le révèle aujourd'hui d'une manière certaine. Ses souffrances morales furent si amères qu'elles lui firent connaître le désespoir et l'amenèrent jusqu'à la pensée du suicide. C'est lui-même qui fait ce grave aveu dans une lettre à la maréchale écrite presque immédiatement après le retour.

Thorn, 15 janvier 1813.

Je t'avais promis, mon Aimée, à l'époque de ton rétablissement, de t'expliquer quelques phrases obscures su notre campagne : il faudrait entrer dans trop de détail sur les peines d'âme qu'a éprouvées ton Louis ; elles ont été si vives que, malgré qu'il te soit très attaché ainsi qu'à ses enfants, il se serait détruit s'il avait eu une heure de suite des idées d'athéisme. Ce qui l'en a empêché, c'est l'espérance qu'il reste quelque chose de nous : alors notre souverain appréciera ses amis et ses ennemis : fasse le ciel qu'il les connaisse bientôt, car ils nous font bien du mal! Peut-être qu'il les connaîtrait déjà, si je n'étais pas aussi délicat...

Je suis dans l'intention de déchirer cette lettre, et cependant je la laisse partir, étant persuadé qu'elle ne te causera aucune peine : elle te rappellera mes malheureux pressentiments de Stettin. Le mal prévu est devenu si grand que l'empereur ouvrira les yeux.

IV

DISCRÉTION PLEINE DE NOBLESSE DE DAVOUT PENDANT LA CAMPAGNE DE RUSSIE

En 1816, lorsqu'il eut entrepris de raconter la mémorable expédition dont il avait été un des acteurs, le général Philippe de Ségur écrivit à Davout, pour lui demander quelques notes sur les opérations de son corps d'armée, une belle lettre que nous donnons plus loin, lettre qui, certainement, ne resta pas sans réponse. Ce sont ces notes de Davout qu'il serait utile de connaître pour nous renseigner sur ses actions militaires, car sa correspondance de Russie ne nous apprend à peu près rien à cet égard. Tantôt par modestie pour ce qui le concerne, tantôt par prudence et de crainte que ses lettres n'arrivent pas à leur adresse, tantôt par tendresse pour la maréchale qu'il craint d'alarmer, Davout couvre de son silence les difficultés sans cesse renaissantes, les événements désastreux et les souffrances de cette campagne, dont il ne parle jamais que de la manière la plus rassurante. Il faut ajouter aussi que, pendant toute la marche en avant et même jusqu'après Moscou, un peu d'illusion se mêle à cette réserve. S'il ne se montre pas plus pessimiste, c'est que, quelque clairvoyant qu'il soit, lui-même ne soupçonne pas l'étendue des dangers qui menacent l'armée ; mais il est très difficile de distinguer dans ses paroles la part qui revient à la discrétion et celle qui revient à l'illusion. Les Russes se dérobent et chaque jour frustrent l'empereur de la bataille qu'il attend : « Tant mieux ! écrit Davout à la maréchale, la campagne se fera presque tout entière avec les jambes ; ce ne sera qu'une longue promenade militaire. » Cependant la promenade devient lugubre, et les étapes sanglantes ne peuvent en rester longtemps cachées. Force est bien alors à Davout de changer quelque peu de langage, mais pas une de ses paroles ne trahit la moindre inquiétude sur l'issue de la guerre. Dans chacun des heurts sauvages des deux armées, il voit une justification de l'entreprise napoléonienne. « Il était temps, écrit-il, de faire cette campagne ; les préparatifs des Russes étaient formidables et le seraient devenus bien davantage encore. » Au départ de Moscou, un temps superbe favorise les premiers mouvements de retraite, et Davout s'en réjouit avec une confiance qu'il essaye de faire partager à la maréchale. « En général, on exagère beaucoup la rigidité de ce climat. Les grands froids n'ont lieu que vers la fin de novembre et ils durent trois mois. » Quant aux événements qui le concernent directement, Davout n'en informe la maréchale que lorsqu'il n'y a plus à les révéler aucun inconvénient pour la tranquillité de sa chère correspondante.

Voici un bien noble exemple de cette discrétion par tendresse. Après la bataille de la Moskowa, il écrit à sa femme. « J'ai été aussi heureux qu'à Eylau; j'ai eu un cheval tué et deux contusions insignifiantes. » Ces deux contusions étaient cependant deux blessures graves; mais la maréchale les aurait probablement ignorées jusqu'à la fin de la campagne sans un incident qui se présenta peu après et où le point d'honneur militaire propre à Davout se montra dans toute sa sévérité. Un officier appartenant à sa famille ayant demandé à quitter son poste sous prétexte de santé, le maréchal écrivit à sa femme pour lui recommander de ne pas le recevoir, et se trouva amené à lui révéler la vérité afin qu'elle ne pût se méprendre sur les raisons de cette apparente dureté.

Un officier qui abandonne son poste en prétextant une indisposition ou une légère blessure n'a aucune idée de l'honneur ni de l'amour de ses devoirs. Je traite fort mal tous ceux de cette espèce; juge de ce que je dois éprouver de sentiments et d'idées pénibles. Je ne l'eusse jamais cru capable d'oublier ce qu'il se devait jusqu'à ce point...

J'ai été mis hors de combat à la bataille du 7 septembre par deux blessures : une au bas-ventre, — une contusion de boulet, — et l'autre à la cuisse droite par un biscaïen : elles ont été assez fortes pour m'empêcher de trotter; mais je me serais regardé comme un bien mauvais serviteur de l'empereur et un homme sans cœur si j'eusse quitté le champ de bataille, et j'y suis resté pour prêcher d'exemple et inspirer la plus grande fermeté aux troupes. Je t'ai laissé ignorer ces détails, mon Aimée, pour t'éviter des inquiétudes; c'est la circonstance qui m'a mis dans le cas de t'en parler, et aussi parce que je suis guéri. Je n'ai pas cessé de commander et j'ai toujours suivi le corps d'armée en wurst. J'ai éprouvé beaucoup de douleurs jusqu'à notre entrée à Moscou; mais là, ayant pu prendre des bains et du repos, me soigner, l'inflammation s'est dissipée au bout de quarante-huit heures. Les escarres sont tombées, la suppuration s'est bien établie, et maintenant les deux plaies se cicatrisent : dans deux ou rois jours je pourrai monter à cheval comme auparavant. Je marche, je vais en voiture sans éprouver la plus légère douleur. Je jure par mon Aimée, par nos enfants, que je te dis toute la vérité : ainsi, ces détails ne peuvent que te donner une nouvelle confiance dans ma bonne fortune. C'est dès le commencement de la bataille que j'ai reçu la première blessure et, une heure après, l'autre. Elles ne m'ont pas empêché de rester jusqu'à la fin : j'ai donc le droit de trouver mauvais un manque de fermeté.

Cette page est absolument héroïque ; en voici une seconde qui ne l'est pas moins, qui l'est peut-être davantage. C'est une lettre datée du 12 décembre, c'est-à-dire des dernières semaines de la retraite. Songez que celui qui l'écrit tient la plume en plein air par un froid de 25 degrés, que son uniforme tombe en loques, qu'il ressent peut-être les souffrances de la faim et qu'autour de lui la campagne est semée de morts et de mourants. Cependant il ne lui échappe pas une plainte, pas même une simple mention de ses souffrances, qu'il essaye même de faire disparaître sous les préoccupations que lui inspirent les êtres qui lui sont chers.

Je profite, ma chère Aimée, de l'estafette pour te rassurer sur la santé de ton Louis : elle est, malgré la rigueur de la saison, très bonne. Tu trouveras mon écriture tremblée, je te jure par toi que la seule raison en est au froid qu'il fait, et que je sens d'autant plus que je t'écris en plein air pour ne pas manquer cette estafette. Desessart part demain pour Paris, il va bien. Beaupré, malgré son grand âge, s'en tire assez bien. Beaumont et les deux Fayet ne sont que fatigués. J'envoie mille baisers à mon excellente Aimée, qui est peut-être, à l'heure où je lui écris, dans les douleurs : puisse mon Aimée me donner un second fils ! Cependant, si c'est une fille, elle sera bien accueillie. J'envoie mille caresses à l'enfant chéri qui est Louis et à nos deux petites. Assure ta bonne mère de ma tendresse.

V

SOMBRE ÉTAT D'ESPRIT DE DAVOUT AU SORTIR DE RUSSIE. — FAUSSE LETTRE DE DAVOUT PUBLIÉE PAR LE « MONITEUR ».

Il n'était pas aussi calme, on le sait, que nous le voyons s'efforcer de le paraître. Exaspéré par tout ce qu'il avait souffert et tout ce qu'il n'avait pu empêcher, il rentra en Pologne l'âme pleine d'une redoutable colère dont la prophétique apostrophe à Murat, à Gumbinnen, fut le gros coup de foudre et dont nous surprenons les sourds grondements dans les lettres à la maréchale postérieures au retour. Ses ennemis s'aperçurent de cette irritation et en profitèrent sournoisement pour répandre les bruits les plus fâcheux sur son état d'esprit. C'est lui-même qui nous l'apprend par l'organe du général César de Laville dans la relation qu'il fit rédiger de la défense de Hambourg. « Tandis que M. le maréchal employait le temps, comme on l'a vu, aussi utilement et avec autant d'activité pour le bien du service (il s'agit des premières opérations entreprises sous le commandement du prince Eugène après le départ de Murat), ses détracteurs murmuraient à Paris que sa tête était dérangée. Cependant le prince vice-roi le chargeait des opérations les plus compliquées. Il eût été curieux, en remontant à la source, de trouver que partie de ces bruits se répétaient presque sous les yeux de ceux qui lui donnaient ces marques de confiance. » Et ailleurs encore : « Des individus rentrés en France à la suite de Napoléon, par suite de cet esprit de dénigrement que l'envie commande et que la légèreté et l'irréflexion adoptent volontiers, faisaient courir à Paris des bruits inquiétants et mensongers sur l'impression que les malheurs, les chagrins et le froid avaient produite dans son organisation. » Une de ces calomnies, due sans doute à quelque facétieux qui devait goûter le vaudeville et le jeu de Brunet, était vraiment assez plaisante. Le maréchal, racontait-on, avait été pris de telle folie pendant la retraite, qu'il pinçait le nez de ses aides de camp. Il n'y avait jamais eu de nez pincé cependant que celui du maréchal, et cela par ce même César de Laville dont nous venons de citer la relation. Un jour qu'ils causaient ensemble pendant la retraite, César de Laville, s'apercevant que le nez du maréchal gelait, lui avait sans avertissement préalable infligé une friction de neige, service que Davout, surpris et croyant à une brusque attaque, avait récompensé d'abord d'un vigoureux coup de poing. Mme la marquise de Blocqueville, qui nous donne cette rectification vraisemblable, s'étonne de l'effronterie des calomniateurs à l'égard du maréchal. L'imparfaite nature humaine étant donnée, rien n'est cependant plus explicable. Des scènes comme celles de Marienbourg et de Gumbinnen ne sont pas sans laisser des rancunes chez ceux qui les subissent, et ceux-là, quand ils s'appellent Murat et Berthier, ne manquent pas de complaisants, de flatteurs et d'instruments pour servir leurs haines. Quant à la forme de la calomnie qui fut employée contre le maréchal, elle est celle que tout homme d'expérience avouera avoir vu invariablement employer lorsque la victime était d'humeur violente. Commettez l'imprudence d'éclater, fût-ce par le plus juste motif, et vous serez déclaré fou, tandis que vous ne serez qu'indigné, et c'est là ce qui en toute évidence était arrivé à Davout.

Cette accusation de folie n'était à tout prendre

que l'exagération mensongère d'un fait certain, c'est que les souffrances morales qu'il avait éprouvées pendant la campagne, jointes à de trop nombreuses causes de mécontentement, avaient eu la puissance de tirer pour la première fois le maréchal de son sang-froid, jusqu'alors imperturbable. C'est ici l'occasion de faire remarquer qu'il n'y a rien de plus délicat que de se prononcer sur de tels états d'âme et de trouver le mot juste qui peut leur convenir. Mme de Blocqueville n'admet pas qu'on dise de son père qu'il fut abattu pas les événements. Soit ; nous croyons en effet volontiers qu'il fut plutôt exaspéré qu'abattu, bien que ce dernier mot soit celui dont se sert Ségur ; cependant les documents qu'elle produit, la lettre de Thorn que nous avons citée par exemple, ne témoignent-ils pas de sentiments qui vont plus loin même que l'abattement? Qu'importe après tout? lorsque les circonstances sont extrêmes, il est bien naturel que les sentiments le soient aussi, et d'ailleurs n'est-il pas évident que l'abattement d'un tel homme n'est pas celui d'une femmelette, et peut-on s'y tromper?

Voici une anecdote qui en dit long à cet égard. Elle est connue de tous les lecteurs de Ségur, mais elle peint avec trop d'énergie la nature propre à Davout pour ne pas être rappelée dans une esquisse de son caractère.

Davout traversait, lui troisième, X... (une ville prussienne). Cette ville attendait les Russes ; sa population s'émut à la vue de ces derniers Français. Les murmures, les excitations mutuelles, et enfin les cris se succédèrent rapidement ; bientôt les plus furieux environnèrent la voiture du maréchal, et déjà ils en dételaient les chevaux, quand Davout paraît, se précipite sur le plus insolent de ces insurgés, le traîne derrière sa voiture, et l'y fait attacher par ses domestiques. Le peuple, effrayé de cette action, s'arrêta, saisi d'une immobile consternation, puis il s'ouvrit docilement et en silence devant le maréchal, qui le traversa tout entier, en emmenant son captif.

Voilà un homme abattu qui fait encore une assez fière figure, on en conviendra, d'où il faut conclure que les mêmes mots prennent un sens fort différent selon les personnes auxquelles ils s'appliquent.

A ces bruits malveillants sur l'état moral de Davout se rapporte indirectement un singulier incident ignoré jusqu'ici et qui révèle une fois de plus les étranges services que Napoléon exigeait de la presse soumise à ses ordres. Ennuyé d'entendre ses ennemis crier victoire, il fit insérer dans le *Moniteur* deux prétendues lettres de Davout et de Ney tendant à établir qu'en toute rencontre les Russes avaient été battus, et qu'en définitive c'était le froid seul qui avait triomphé de la grande armée, lettres où les signataires n'avaient jamais mis la main. Avis aux historiens de l'avenir. Ils devront savoir désormais que ces documents sont de fabrique impériale, et cependant ils devront malgré cela se garder de leur refuser toute créance, car au fond ces lettres reproduisaient assez exactement les opinions des deux maréchaux et ne faisaient que répéter ce qu'on leur avait entendu exprimer mainte-fois. Nous ne pouvons fournir aucune preuve pour ce qui est de Ney, mais pour ce qui est de Davout, il est certain que, dans ses lettres à la maréchale, il met une insistance extraordinaire à établir que l'armée n'a été détruite que par l'hiver et que les Russes ne peuvent se vanter d'une seule victoire. Puisque ce sont là leurs opinions, qu'elles concordent avec les miennes et qu'elles sont utiles à ma politique, pensa Napoléon, il n'y a aucun inconvénient à leur donner une publicité qu'ils ne me refuseraient pas, et sans plus de façon il les met en scène, comme s'il eût obtenu leur aveu. Pour plus de vraisemblance, le rédacteur écrivit ces lettres dans le style qu'il pensait correspondre le mieux aux sentiments des deux maréchaux; mais, inévitablement maladroit, il éveilla précisément par cette précaution les soupçons des personnes intéressées. A Paris, la maréchale lut ces documents avec stupéfaction, ne reconnut pas au style qu'on lui prêtait l'âme de son mari, et flairant le piège elle écrivit, pour savoir la vérité, la lettre curieuse à plusieurs titres que voici :

Je n'ai pas reçu de lettres de toi aujourd'hui, mon unique ami ; mais j'en ai lu une dans le *Moniteur*. Je t'avoue que je n'ai pas reconnu ta manière d'écrire accoutumée, qui est claire, énergique et noble, tandis que rien ne l'est moins que cette phrase qui est sûrement tronquée : « Une grande partie de mes hommes (te fait-on dire) s'est éparpillée pour chercher un refuge contre la rigueur du froid, et beaucoup ont été pris. »
Je suis convaincue que tu ne dis jamais *mes hommes* en parlant des soldats : personne n'honore plus que toi ce titre, et tu as bien raison, car, en parlant des hommes, on a rarement du bien à en dire, et, en parlant des soldats, on sait qu'on parle de gens d'honneur sans jalousies, sans petites passions, et toujours prêts à mourir sous leur drapeau. On a toujours un but pour s'écarter de la vérité, et ce serait en vain, mon Louis, que tu aurais cherché à dissimuler tes pertes. Chacun sait ici que la majeure partie du premier corps a été constamment l'auxiliaire de tous les autres, et que les pertes ont été considérables pendant notre glorieuse marche sur Moscou. Les souffrances, la rigueur de la saison au retour n'ont pas dû le refaire, mais je ne pense pas qu'il te soit arrivé pire

qu'aux autres : je crois, au contraire, que la débandade dont on nous a parlé dans le 29ᵉ bulletin n'a dû se manifester parmi les troupes de ton commandement que lorsqu'il y a eu impossibilité absolue de penser à les rallier. Lors de l'ouverture de la campagne, on ne cessait d'en vanter *la tenue, la discipline et le bon esprit.* On ne perd pas dans un moment une supériorité *réelle;* mais pour être pris à sa valeur (surtout dans la carrière des armes), il faut ne pas avoir tout contre soi. Quel que soit le mal, l'injustice est le plus grand mal; néanmoins je suis convaincue qu'elle n'abattra jamais une âme comme la tienne, et que tu n'es pas plus navré qu'un autre : quelque *navré* que tu sois, tu sais remonter le courage des autres au lieu de l'abattre. J'ai été trop à même d'en faire la triste expérience; et d'ailleurs si des *pertes plus qu'ordinaires te navrent,* je suis convaincue que tu ne mets pas le public dans ta confidence. — La lettre du maréchal Ney est sur un autre ton que je n'aime pas mieux : la fin de la tienne est trop larmoyante, et la sienne un peu fanfaronne...

J'ai dit que la lettre de la maréchale était curieuse à plus d'un titre. Une légère pointe de préjugé s'y montre et donne le ton de l'époque. On y sent très bien la distance que vingt-cinq années de guerres merveilleuses avaient fini par établir entre le soldat et le simple citoyen. Naïvement, inconsciemment, par le seul fait de la durée et de l'évolution des événements, l'*el señor soldado* de la guerre de trente ans tendait à reparaître dans une société devenue toute militaire.

La réponse de Davout à sa femme est aussi fort curieuse, d'abord parce qu'elle nous apprend l'opinion qu'il avait et qu'il voulait qu'on eût dans le public de la conduite du premier corps d'armée pendant la campagne, ensuite parce qu'elle nous montre une fois de plus combien sa fidélité envers l'empereur était à l'épreuve de toute blessure et de toute injustice. Il n'est pas l'auteur de la lettre insérée au *Moniteur;* n'importe, il ne la désavoue pas, puisqu'il semble qu'elle peut être utile au souverain.

Magdebourg, 15 février 1813.

J'ai éprouvé, mon Aimée, une vive satisfaction en lisant toutes tes réflexions sur la lettre que tu as lue dans le *Moniteur;* si ton Louis en eût été le rédacteur tu n'aurais pas été dans le cas de faire ces réflexions. Elle a été fabriquée et insérée pour détruire tous les mensonges réellement impudents de nos ennemis, qui poussent l'effronterie jusqu'à attribuer à la supériorité de leurs armes ce qui n'est que l'effet des privations, des fatigues et des 24 degrés de froid que les troupes ont éprouvés depuis leur départ de Moscou. Si j'en eusse été le rédacteur, comme tu l'observes, je ne me serais pas servi de l'expression *mes hommes* en parlant des soldats de mon souverain ni n'aurais remplacé cette expression par celle de *mes soldats;* je sais qu'ils sont les soldats de l'empereur; ainsi je n'emploie jamais les expressions de *mes soldats, mon corps d'armée*. Enfin, je ne me serais pas non plus servi de cette expression que j'étais *navré de douleurs*.

Je regrette les soldats que perd l'empereur, les malheurs militaires qui peuvent nous arriver, mais je ne rendrais pas mes regrets par cette expression exagérée et qui peint une âme abattue. Enfin, mon amie, si j'eusse été le rédacteur, je n'aurais pas avoué qu'un grand nombre de soldats du 1er corps s'étaient débandés pour se procurer des subsistances et un abri contre le froid, car j'eusse été injuste envers les soldats du 1er corps. La presque totalité a péri par le feu en combattant avec une intrépidité sans exemple. Jamais un bataillon n'a été repoussé ou enfoncé. Jamais l'ennemi n'a fait abandonner une position auparavant l'instant où elle a dû être quittée, et elle était évacuée sous le feu du canon avec un calme qui eût fait prendre tous ces mouvements comme des manœuvres d'exercice. Dans toutes les batailles et combats, les corps avaient leurs aigles en présence de l'ennemi, et les corps les ont toutes rapportées, et elles ont toujours servi de ralliement, jusqu'à l'arrivée à Thorn, aux généraux, aux officiers et au petit nombre de soldats qui restaient des nombreux combats que les régiments ont soutenus dans le cours de la campagne; enfin les divisions du 1er corps, qui n'étaient composées que des aigles, des officiers des régiments et d'un petit nombre de soldats, marchaient réunies au milieu des débandés, et la remarque en a été faite plus d'une fois, et cette constance des débris d'un corps d'armée remarquable par son dévouement à l'empereur, son bon esprit et la discipline en tout lieu, dans les marches, dans les casernes et sur les champs de bataille, a excité l'admiration, et j'ai entendu le vice-roi (le prince

Eugène) et bien des généraux faire la remarque que tous ceux qui donnaient un pareil exemple mériteraient d'être membres de la Légion d'honneur.

J'aurais, mon Aimée, exprimé en vingt lignes ce tableau de la conduite du corps d'armée dont l'empereur m'avait confié le commandement, mais je ne rends les comptes que lorsqu'on me les demande, et dans cette occasion j'étais trop éloigné pour que ce compte rendu arrivât en temps utile. Le fait est que l'empereur a voulu faire ressortir les récits mensongers des Russes; il a ordonné de nous faire tenir le langage que nous eussions tenu si nous avions été questionnés. Le rédacteur a rempli cet objet et cela est suffisant. A Dieu ne plaise que j'éprouve des regrets de la façon dont il s'en est acquitté! les regrets ne seraient que ceux de l'amour-propre ou de la vanité : je me mets en garde contre les sentiments et les idées que les petites passions inspirent, et je trouve dans l'amour de mes devoirs, dans mon dévouement sans bornes pour le sauveur de ma patrie le préservatif contre les petites passions et le calme d'âme que les envieux ne sauraient avoir.

Je me suis beaucoup étendu, ma chère amie, pour te donner une preuve de toute ma confiance et de mon estime, et par la conviction que tu garderas pour toi toutes ces réflexions et que tu ne feras connaître à qui que ce soit la vérité sur la lettre en question; je te l'ai dite sous le sceau de la confession, car je manquerais à mes devoirs envers l'empereur si je me permettais la plus simple réflexion en forme de désaveu sur cette lettre.

VI

HISTOIRE DE LA CAMPAGNE DE 1812, PAR PHILIPPE DE SÉGUR. — CARACTÈRES ÉPIQUES DE CE RÉCIT. — LETTRE DE SÉGUR A DAVOUT.

Cette catastrophe de 1812, d'une si dramatique grandeur, sans égale depuis celles des antiques dominations d'Assyrie et de Perse, depuis les légions de Sennacherib, anéanties en un instant par la peste, ou Cyrus disparaissant dans les neiges des Scythes, appelle naturellement le souvenir de son historien. Parler de la campagne de Russie, même quand on n'en parle qu'épisodiquement, sans parler de Ségur, serait presque comme parler de la retraite des Dix mille sans nommer Xénophon. Aussi, bien que l'espace dont notre sujet nous permet de disposer soit trop limité pour nous étendre sur son beau livre aussi largement qu'il le mérite, ne résisterons-nous pas au plaisir de nous y arrêter un instant. Il a été très bien dit que l'*Histoire de la campagne de 1812* était un véritable récit épique; elle est telle en effet, mais plus et mieux encore qu'on ne l'a dit, et c'est ce caractère seulement que nous voulons mettre en relief.

Elle est épique par la culture classique dont elle fait preuve et qui s'est trouvée en rapport exact avec la nature du sujet, par le ton soutenu d'éloquence qui y règne d'un bout à l'autre et grâce auquel elle échappe à cette simplicité qui est une condition ordinaire de la bonne prose, mais qui en un tel sujet serait impuissante et presque déplacée. Elle est épique par cette qualité de témoin et d'acteur qui permet à l'auteur de suppléer à l'inspiration poétique par la vivacité du souvenir et qui fait circuler dans ses pages ces larmes mêmes des choses dont toute âme humaine est touchée. Ce n'est pas en effet aux historiens qu'il faut s'adresser pour trouver à quoi comparer ce récit, c'est aux poètes, et s'il fallait marquer son rang par la nature des émotions qu'il fait naître, nous ne voyons guère où le placer, si ce n'est à côté du second livre de *l'Énéide*, d'où son épigraphe est tirée. Épique par la forme, cette histoire l'est bien plus encore par la substance, où surabondent ces deux éléments nécessaires de toute épopée, l'héroïsme et le merveilleux. Vous rappelez-vous ce colonel Jacqueminot, traversant à cheval la Bérésina chargée de glaces, s'élançant seul sur les soldats de Tchaplitz qui s'éloignent et en enlevant un qu'il rapporte au bout du poignet à Napoléon, et pensez-vous qu'il y ait dans le moine de Saint-Gall ou dans aucune chronique chevaleresque prouesse plus robuste? Voilà pour l'héroïsme des actions. Vous rappelez-vous Murat et Davout se menaçant devant Napoléon, qui les écoute, la mine sombre, en jouant du bout de sa botte avec un boulet de canon? Voilà pour la grandeur des scènes. Vous rappelez-vous l'arrivée devant Moscou, Napoléon attendant une députation qui n'arrive pas et l'armée entrant avec stupeur dans une capitale silencieuse, dont les habitants sont d'invisibles démons laissés derrière lui par le magicien Rostopchine pour semer l'incendie, et pensez-vous qu'il y ait dans les poèmes les plus fabuleux histoire de ville enchantée plus merveilleuse que celle-là? Voilà pour l'étrangeté des événements. Et le froid, ce froid inéluctable que certains contes du peuple russe ont transformé en un méchant génie comme les Grecs avaient personnifié la force des rayons solaires en une divinité redoutable, ne vous semble-t-il pas qu'à cette différence près qu'on n'entend pas sonner harmonieusement son carquois lorsqu'il traverse les rangs de l'armée, il tient d'une manière assez dramatique le rôle de Phébus Apollon dans *l'Iliade?* Henri Heine, dans une de ces appréciations en apparence fantasques, mais qui saisissent les caractères des œuvres avec une adresse et une sûreté étonnantes, a comparé les héros de Ségur aux héros des épopées homériques. « Bien que la casaque du roi de Naples ait quelque chose d'un peu trop bariolé, son courage dans les combats et sa témérité sont aussi grands que chez le fils de Pélée; le prince Eugène, noble champion, nous apparaît comme un Hector de douceur et de vaillance; Ney combat contre Ajax; Berthier est un Nestor moins la vaillance. Davout, Daru, Caulaincourt, font revivre Ménélas, Ulysse et Diomède. » Ce n'est pas seulement avec les héros des poèmes homériques qu'on peut comparer les personnages et les événements de l'Histoire de Ségur, car les analogies sont plus étroites encore et plus nombreuses avec les poèmes du cycle carlovingien. Que de rapprochements on peut établir, et sans le moindre effort! Et d'abord le personnage central, celui à qui tout se rapporte, Napoléon, ne vous semble-t-il pas prendre dans Ségur quelque chose de la physionomie que les romans carlovingiens donnent à Charlemagne? Le voilà, le grand empereur, à demi dépouillé de son prestige, déconfit et la mine soucieuse, réduit à assister en spectateur presque impassible aux disputes de ses maréchaux, comme autrefois Charlemagne aux querelles de ses paladins, et à écouter les dures remontrances de ses Caulaincourt, de ses Daru et de ses Duroc, comme Charlemagne celles de ses conseillers. Que de Gannelon aussi il peut soupçonner dans son armée cosmopolite avec ses généraux bavarois, saxons et prussiens, ses de Wrède, ses Thielman, ses York! Ney, coupé de Davout et d'Eugène, se frayant un chemin à travers les précipices neigeux, les fleuves glacés et les Cosaques, et appelant au secours sans être entendu, n'est pas, à la mort près, moins dramatique que Roland, enfermé dans le défilé de Roncevaux et soufflant en désespéré dans son cor. Les Cosaques de Platof et de Miloradovitch, escortant comme des sauterelles meurtrières les flancs de l'armée, tiennent sans désavantage la place des montagnards basques dans la défaite carlovingienne. Quelle figure d'émir sarrasin vaut pour la ruse et la patience implacables celle du vieux Kutusof? Enfin, tout au loin, derrière un rempart de glaces inaccessibles, trône Alexandre invisible, silencieux et presque mystérieux comme une sorte d'empereur d'un Cathay septentrional.

Voilà bien des titres à l'épithète d'épique qui a été donnée à cette *Histoire;* elle en a encore un dernier cependant, et plus singulier que tous les précédents. Si notre civilisation européenne venait jamais à périr par un cataclysme qui ne laisserait subsister d'elle aucune tradition et après lequel la nuit se ferait pendant des siècles, je ne doute pas que les savants qui, dans trois ou quatre mille ans, retrouveraient le récit de Ségur s'accorderaient à lui refuser le titre d'histoire, et prouveraient victorieusement qu'elle n'est qu'une transcription prosaïque d'une grande épopée perdue. Sans difficulté aucune, ils découvriraient dans maint passage des débris de cette épopée apocryphe, et attesteraient en témoignage de la vérité de leurs affirmations tel trait de mœurs ou telle forme de langage qui ne peuvent, diraient-ils, se rapporter qu'à des peuples épiques. Eh bien! ces savants du lointain avenir ne se tromperaient qu'à demi. En lisant Ségur, l'imagination éprouve parfois comme un recul soudain de trois ou quatre mille années. Elle se trouve repoussée jusqu'à l'époque des antiques rapsodes lorsqu'elle apprend que les chefs de l'armée française découvrirent avec un étonnement assez légitime que les proclamations de Rostopchine étaient en prose rythmée; elle se trouve repoussée plus loin encore devant l'étrange adresse des députés lithuaniens où les formes de langage des plus antiques civilisations asiatiques se trouvent conservées : « Que Napoléon le Grand prononce ces seules paroles : Que le royaume de Pologne existe, et il existera, et tous les Polonais se dévoueront aux ordres du chef de la quatrième dynastie française, *devant qui les siècles ne sont qu'un moment et l'espace qu'un point.* » C'est exactement ainsi qu'on parlait, il y a trente-deux siècles, aux tsars d'Assyrie et aux souverains de Babylone.

Il y a dans le livre de Ségur quelque chose de plus grand peut-être, de plus noble assurément que ce caractère épique: c'est qu'il fut l'expression des sentiments que rapportèrent de Russie les victimes du désastre et qu'il les conserve encore dans ses pages vibrants comme aux premiers jours. Ces sentiments, nous venons de les apercevoir en partie dans la lettre de Davout à la maréchale, précédemment citée; Ségur va nous aider à les accentuer davantage encore. Il nous fait comprendre comment les survivants de cette catastrophe en furent fiers à l'égal des plus glorieuses victoires. Ils se sentirent par leurs malheurs grandis de cent coudées. Ils avaient porté les armes de la France plus loin qu'elles n'avaient été jamais portées sans trouver un ennemi à leur taille, et ils ne s'étaient arrêtés que lorsque la nature leur avait déclaré la guerre. Ils avaient souffert ce que nulle armée ne souffrit jamais, ils avaient résisté jusqu'au point extrême où l'énergie humaine cesse d'être d'aucun secours. A ceux qui leur parlaient de leurs revers pour blâmer ce qu'on appelait leur folie, ils pouvaient, s'ils ne préféraient le silence, répondre dédaigneusement : Vous n'y étiez pas! Ils avaient reçu de cette déroute un sacre particulier qui les faisait plus grands, plus nobles que les autres hommes et les rendait inaccessibles à leurs critiques et incompréhensibles à leur petitesse. Nous avons parlé d'une lettre de Ségur à Davout écrite en 1816; la voici. Le sentiment que nous venons d'indiquer s'y révèle avec une tristesse altière qui en fait comme une préface jusqu'aujourd'hui inédite de son *Histoire de la campagne de 1812*.

Monsieur le maréchal,

Puis-je espérer que vous ne me trouverez pas indiscret si j'ose vous prier de me faire donner quelques notes sur les opérations de votre armée pendant la guerre de Russie de 1812 ? J'ai été assez heureux pour réunir les matériaux nécessaires pour écrire l'histoire morale et militaire de cette campagne. Plusieurs anecdotes importantes et secrètes jusqu'ici, et dont quelques-unes vous regardent, sont parvenues à ma connaissance, soit alors, soit depuis, ce qui vous étonnera peu, ayant été et étant lié d'amitié avec tous ceux qui composaient l'intérieur du cabinet. J'ose espérer, monseigneur, que vous croirez bien que je ne veux faire de ces matériaux qu'un noble et digne usage. C'est pourquoi je me suis déterminé à vous prier d'être assez bon pour dicter quelques notes sur cette époque et d'avoir la bonté de me les envoyer. J'aurais été moi-même vous faire cette prière si j'avais cru ne pas vous déranger. J'aurais été soumettre à votre jugement quelques chapitres d'un livre qui sera très peu volumineux et qui, tout *en reconnaissant nos fautes, nous placera à la hauteur qui nous convient et d'où nous devons mépriser les attaques de gens dont tous les sens, tous les sentiments, sont trop faibles, les habitudes trop circonscrites et les idées trop petites pour qu'ils puissent nous juger.* Pardonnez-moi, monsieur le maréchal, l'indiscrétion de ma prière. S'il m'était possible de vous lire le commencement de cet ouvrage, peut-être trouveriez-vous qu'il mérite que vous veuillez bien vous y intéresser.

Aurez-vous la bonté de me rappeler au souvenir de Mme la princesse d'Eckmühl et d'agréer l'expression du respect avec lequel j'ai l'honneur d'être votre obéissant serviteur ?

Le général comte de Ségur.

On voit par cette lettre, écrite par parenthèse avec l'incorrection propre à Ségur, incorrection qui a été impuissante à détruire le mérite de son livre, tant ce mérite est réel, en quelle estime l'historien tenait le jugement de Davout et quel désir il avait de son approbation. Elle suffit, ce nous semble, pour répondre à quelques reproches d'injustice à l'égard de son père que lui adresse Mme la marquise de Blocqueville. Ce qui nous frappe, au contraire, dans l'*Histoire de la campagne de 1812*, c'est combien ce livre est favorable à Davout. On sent que, dans l'opinion de Ségur, ce maréchal est après Napoléon le personnage principal de l'expédition et qu'il pense que l'insuccès en doit être attribué en grande partie à cette rancune voilée qui lui refusa la première place dans la direction de la guerre.

VII

REPRISE DE HAMBOURG PAR LES TROUPES FRANÇAISES. — ORDRES TERRIBLES ENVOYÉS PAR L'EMPEREUR A DAVOUT. — COMMENT ILS FURENT EXÉCUTÉS PAR LE MARÉCHAL.

Le même guignon qui avait persécuté Davout pendant toute la campagne de 1812 le suivit encore après son retour en Allemagne, où il se présenta à lui sous la forme de l'événement le plus fâcheux qui pût le surprendre. A la nouvelle de nos désastres et de la défection des troupes allemandes alliées, Hambourg, incorporée à l'empire avec Lubeck depuis 1810, se souleva, appela dans ses murs le partisan Tettenborn, et chassa la garnison et l'administration françaises en massacrant le plus qu'elle put de fonctionnaires et de soldats. A ces nouvelles, la colère de l'empereur fut extrême. Davout fut chargé de reprendre la ville et d'y rétablir l'ordre. Outre qu'il était voisin du théâtre des événements, étant cantonné sur l'Elbe, il y avait une raison décisive pour qu'il fût chargé de cette affaire, c'est que, depuis 1810 jusqu'en mars 1812, où il l'avait quittée pour la Russie, Davout avait occupé cette ville et comme chef militaire et comme président de la commission de gouvernement chargée de l'organiser administrativement. Le choix de sa personne était donc très explicable, et il ne nous est pas apparent qu'il y eût dans ce choix, comme on l'a insinué, malveillance positive de la part de l'empereur; mais il n'en est pas moins vrai que par cette mission Napoléon chargeait Davout d'une œuvre de vengeance, rôle pénible au premier chef et qui exige une fermeté d'une si particulière nature que nul ne l'accepte qu'à son cœur défendant. A Paris, lorsqu'arrivèrent les nouvelles de cette mission, personne ne s'y trompa. L'opinion publique la vit avec déplaisir et la regretta pour Davout; ses ennemis s'en réjouirent, sentant bien qu'elle allait lui faire une position où il pouvait facilement se rendre odieux. La princesse d'Eckmühl, qui était à l'affût de tous les bruits qui pouvaient intéresser son mari, lui écrivit, sous le coup des alarmes du premier moment, cette très remarquable lettre qui en dit long et sur l'état de l'opinion à cette époque et sur les inimitiés que Davout s'était créées dans l'entourage de l'empereur.

8 mai 1813.

C'est Charpentier qui te remettra cette lettre, excellent ami; sûre de son sort, je puis te dire quantité de choses que je craindrais d'aventurer. Je commence par t'avouer que je n'aime pas ton commandement de la vingt-troisième division militaire : tes pouvoirs sont illimités, mais pour faire le mal; tu en feras le moins possible, c'est consolant pour les gens égarés. M. Auguste de Beaumont, qui t'est on ne peut plus acquis et qui a cherché à recueillir tout ce qu'on dit à ton sujet, a prêté l'oreille dernièrement dans un café où on lisait l'article du *Moniteur,* qui fait connaître ta mission : on ne l'aime pas, toute de confiance qu'elle puisse être. Bien certainement tu n'aurais pas autant de jaloux si tu n'avais eu que de telles occasions de servir ton prince et ton pays. Ne pouvant te posséder dans les circonstances présentes et ne pouvant pas davantage être sans tourments à ton sujet, je te souhaiterais, mon Louis, à la tête de nos nouvelles légions dont tu tirerais le meilleur parti possible : on les dit animées d'un bon esprit, et elles ne pourraient manquer de confiance guidées par toi. L'empereur en a décidé autrement : s'il ne te tient pas compte de cette tâche pénible et que tu rempliras sans doute à sa plus grande satisfaction, ta conscience du moins te payera le prix d'un dévouement sans bornes et qui t'a fait bien des ennemis. On peut convenir que ton moindre soin a été d'éviter de t'en faire. Tu as presque toujours été aussi sévère et aussi exigeant pour ceux que tu devais faire servir que pour toi-même, et bien peu accueillant dans tes relations avec tous les autres qui, ne pouvant s'oublier entièrement, diffèrent en cela de toi, qui ne connais aucune composition avec le devoir que tu exerces jusqu'à en être accablé. Ne trouvant pas ou trouvant peu d'imitateurs, on commente ta manière d'être : modère, je t'en conjure, ton ressentiment de ce que la majorité des hommes ne pense pas comme toi, et contente-toi, mon bien cher ami, d'en tirer le meilleur parti en ménageant leur faiblesse. Tu en as froissé plus d'un par l'excès de ton zèle pour le service de ton prince et le bien de ton pays. On ne te pardonne pas d'être informé de beaucoup de choses qu'on considère comme n'étant pas dans les attributions de ton emploi. J'ai su par le général de Beaumont, qui l'a connu à Francfort, que M. de Saint-Marsan a trouvé que tu voulais et croyais savoir mieux que lui les dispositions du gouvernement auprès duquel il était accrédité, et que tu as eu souvent des motifs d'alarmes lorsqu'il était sûr des dispositions pacifiques de la Prusse. J'ai également connu par la même voie beaucoup de conversations du duc d'Otrante que je ne pourrrais rapporter fidèlement, mais qui m'ont prouvé que tu as en lui un ennemi, et un ennemi bien puissant. Il disait dernièrement que tu devrais te borner à faire ton métier, au lieu de te livrer à la manie de tout savoir et de faire des rapports sur les dires les moins croyables et d'en fatiguer l'empereur. Notre ministre actuel de la police n'est pas plus ton ami : tu sais à quoi t'en tenir sur de plus grands personnages, tant il y a que tu obtiens peu de suffrages; on s'aime en général beaucoup trop pour t'imiter, et l'on te blâme de ta manière d'être si différente de celle des autres qui se bornent à remplir sans beaucoup de peine les devoirs de leurs places...

La maréchale aurait encore bien moins aimé cette mission si elle avait connu la nature des ordres transmis à son mari. Ils sont vraiment terribles, ces ordres, et en nous les plaçant sous les yeux, Mme de Blocqueville a été, à notre avis, fort bien inspirée par sa piété filiale La meilleure manière de dissiper les dernières fausses opinions qui peuvent être restées dans le public sur les événements de Hambourg est assurément de mettre le lecteur à même de constater la différence entre les mesures ordonnées à Davout et celles qu'il se borna à exécuter.

Le 13 mai 1813, deux dépêches de Berthier, l'une chiffrée, l'autre qui ne l'était pas, arrivèrent en même temps à Davout. Toutes deux contenaient les mêmes ordres, mais il y avait entre elles cette différence que celle qui était sans chiffres était rédigée en termes relativement modérés et que les instructions de celle qui était chiffrée étaient de la plus impitoyable dureté. Cette dépêche est un document des plus singuliers par le mélange de terrorisme et de jésuitisme (nous prenons ce mot dans l'acception vulgairement admise) qui en fait le fond. Napoléon imposait à Davout d'agir non seulement avec violence, mais avec duplicité. Le jour où il dicta cette dépêche est certainement un de ceux où il s'est le plus souvenu qu'il était par ses origines du pays de Machiavel. La voici, diminuée de tout ce qui est relatif aux choses purement militaires. Les passages qu'on y lira soulignés le furent par le maréchal même lorsqu'il eut à préparer son *Mémoire justificatif* pour le roi Louis XVIII.

Vous ferez arrêter sur-le-champ tous les sujets de Hambourg qui ont pris du service sous le titre de sénateurs de Hambourg. Vous les ferez traduire à une commission militaire, et vous ferez fusiller les cinq plus coupables. Vous enverrez les autres sous bonne escorte en France, pour être retenus dans une prison d'État. *Vous ferez mettre le séquestre sur leurs biens, et vous les déclarerez confisqués. Le domaine prendra possession des maisons, fonds de terre, etc.*

Vous ferez désarmer la ville, vous ferez fusiller tous les officiers de la légion anséatique, et vous enverrez tous ceux qui auront pris de l'emploi dans cette légion en France pour y être mis aux galères.

Dès que nos troupes seront arrivées à Schwerin, vous tâcherez, sans rien dire, de vous saisir du prince et de sa famille, et vous l'enverrez en France dans une prison d'État, ce prince ayant trahi la confédération. Vous en agirez de même à l'égard de leurs ministres.

Vous ferez une liste des rebelles, des quinze cents individus de la 34ᵉ division militaire les plus riches et qui se sont le plus mal conduits; vous les ferez arrêter, vous ferez mettre le séquestre sur leurs biens dont le domaine prendra possession. Cette mesure est surtout nécessaire dans l'Oldenbourg.

Vous ferez mettre une contribution de 50 millions sur les villes de Hambourg et de Lubeck. Vous prendrez des mesures pour la répartition de cette somme, et pour qu'elle soit promptement payée.

Vous ferez partout désarmer le pays, et arrêter les gendarmes, canonniers, gardes-côtes, et officiers et soldats ou employés qui, étant au service, auraient trahi. Leurs propriétés seront confisquées. N'oubliez pas surtout toutes les maisons de Hambourg qui se sont mal comportées et dont les intentions sont mauvaises. Il faut déplacer les propriétés, sans quoi on ne serait jamais sûr dans ce pays.

Toutes ces mesures, prince, sont de rigueur; l'empereur ne vous laisse la liberté d'en modifier aucune. Vous devez déclarer que c'est par ordre exprès de Sa Majesté, et agir en temps et lieu avec la prudence nécessaire.

Tous les hommes connus pour être chefs de révolte doivent être fusillés ou envoyés aux galères.

Quant au Mecklembourg, l'instruction générale est que ses princes sont hors de la protection de l'empire; mais il n'en faut rien laisser apercevoir, et probablement Sa Majesté aura le temps de donner des ordres. Comme les princes de Mecklembourg peuvent ignorer nos dispositions, vous pouvez promettre d'abord tout ce qu'on voudra, en y mettant pour restriction : *sauf l'approbation de l'empereur*. L'approbation étant parvenue, tout se trouverait en règle.

Vous enverrez le général Vandamme en avant avec votre quartier général. Il faut avoir soin, prince, de ménager ce général, les hommes de guerre devenant rares.

Bien qu'un des dons principaux de Berthier fût une étonnante sûreté de mémoire, qui lui permettait de reproduire avec une fidélité sténographique les moindres nuances de la pensée de Napoléon, on peut dire cependant qu'il y a dans cette dépêche une part de sa propre personnalité. N'y sentez-vous pas en effet la joie qu'il éprouve à transmettre de tels ordres à son rival détesté, et la recommandation finale sur les égards que Davout doit avoir pour Vandamme n'est-elle pas une flèche de Parthe aussi adroitement que cruellement décochée?

L'excuse de cette dépêche, c'est qu'il est probable qu'en la dictant, Napoléon songeait beaucoup moins à faire œuvre de vengeance qu'œuvre de politique. Ce qu'il se proposait de frapper dans Hambourg, ce n'était pas seulement une révolte partielle, c'était la révolte générale de l'Allemagne. Il voulait, pendant qu'il en était temps encore, intimider la défection, et demandait à son lieutenant un exemple capable d'effrayer les populations, sachant, en politique qu'il était, que la terreur est dans les masses contagieuse à l'égal de la colère et de l'audace. En recevant ces ordres, Davout se sentit mal disposé à les exécuter. Nous connaissons sa maxime favorite : faire à l'ennemi tout le mal nécessaire, mais ne lui faire que celui-là ; et cette maxime, il ne l'appliquait souvent qu'à regret. Tout récemment, pendant qu'il était sous le commandement du prince Eugène, lorsqu'il lui avait fallu faire sauter le célèbre pont de Dresde, le cœur lui avait saigné en pensant à la peine qu'il allait faire à un vieux souverain qu'il aimait particulièrement, et en 1815, lorsqu'il devint ministre de la guerre, nous le voyons écrire à Vandamme pour qu'il eût soin de ne faire dans le parc de Chimay que les dégâts indispensables. Or, non seulement on lui enjoignait de faire un mal qu'il jugeait inutile, mais on lui enjoignait d'être inhumain et perfide. Nous n'avons pas les lettres qu'il adressa en cette occasion à l'empereur, mais il faut qu'elles aient trahi bien des inquiétudes ou qu'elles aient manifesté des scrupules de plus d'une nature, ou qu'elles aient opposé à plus d'une des mesures exigées des refus motivés, car, un mois après cette dépêche, nous voyons Napoléon s'adresser directement à Davout pour préciser le sens de ses instructions. Quoique la sévérité de ses ordres soit d'abord maintenue, on comprend qu'il a consenti à laisser à son lieutenant carte blanche sur plus d'un point, et en somme, au lieu de dire : *Frappez,* comme dans la dépêche précédente, il finit par dire : *Faites-les surtout payer.* Évidemment quelques-unes des remontrances de Davout ont été entendues.

Brunslau, 7 juin 1813.

Mon cousin, je n'ai pas besoin de vous dire que vous devez désarmer les habitants, vous emparer de tous les fusils, sabres, canons et de toute la poudre, faire des visites domiciliaires, si cela est nécessaire, et utiliser le tout pour la défense de la ville. Je n'ai pas besoin de vous dire non plus que vous devez presser tous les matelots, au nombre de trois à quatre mille, et les envoyer en France ; que vous devez presser également tous les mauvais sujets et les envoyer aussi en France, pour être incorporés dans les 127e, 128e, 129e régiments. Débarrassez ainsi la ville de cinq à six mille hommes, et faites peser le bras de la justice sur la canaille, qui paraît s'être on ne peut plus mal comportée. Pour les autres dispositions, je m'en rapporte à la lettre chiffrée du major général, en date du 7 mai.

Dresde, 17 juin.

Mon cousin, je suis surpris que vous n'ayez encore ramassé que quatre mille fusils. Faites faire des exécutions militaires, et pour l'exemple, que le premier qui sera convaincu d'avoir soustrait son fusil soit puni de mort. Sur les quatre mille fusils que vous avez, faites-en partir deux mille pour Dresde. Nous en avons grand besoin... Je suppose que vous avez fait la liste des cinq cents individus qu'il faut déposséder, que vous avez fait mettre le séquestre sur leurs biens et que le domaine en a pris possession.

Dresde, 24 juin.

Tout le monde dit que l'ancien maire s'est bien comporté. Vous pourriez lui faire intimer, à lui et à quelques autres, de rentrer, en leur donnant un délai, et alors on ne les inscrirait pas sur la liste des absents. Pourtant si, lors de votre entrée, vous aviez trouvé les sénateurs en charge et que vous en eussiez fait passer cinq par les armes, cela eût été convenable ; actuellement il vaut mieux les mettre sur la liste des absents.

Dresde, 1er juillet.

Mon cousin, je vous laisse maître, si vous le jugez convenir à mes intérêts, de publier une amnistie pour ceux, bien entendu, qui seraient rentrés dans l'espace de quarante-cinq jours ; vous excepteriez de cette amnistie qui vous jugeriez convenable. La meilleure manière de punir les marchands, c'est, en effet, de les faire payer. Ce qui serait surtout bien nécessaire, c'est de vous défaire d'un tas de gens de la dernière canaille, qui ont été dans l'insurrection et qui sont plus dangereux que les gens comme il faut. Je vous laisse carte blanche sur tout cela.

Dresde, 9 juillet.

... Quant à l'amnistie, vous savez bien que je vous ai donné carte blanche. Je ne vous fais aucune difficulté à cet égard; j'aime mieux les faire payer; c'est la meilleure manière de les punir. Il faut chercher aussi à atteindre la canaille, et faire peser sur elle une portion de la contribution de guerre, en doublant et quadruplant la contribution personnelle, celle des portes et fenêtres, en augmentant l'octroi, en augmentant les droits sur le débit au cabaret, etc. Cela ne produira que deux ou trois millions, mais il est convenable de frapper aussi la canaille et de lui faire voir qu'on ne la craint pas. Il faudrait l'atteindre en en prenant le plus qu'on pourra pour envoyer en France dans les troupes, et en saisissant tous les boutefeu, qu'on enverra aux galères et dans les maisons de force en France.

Mme de Blocqueville nous dit avoir tenu entre ses mains une réponse du maréchal à ces ordres de l'empereur, laquelle débutait par cette phrase : « Jamais Votre Majesté ne fera de moi un duc d'Albe, je briserai mon bâton de maréchal plutôt que d'obéir à des ordres dont l'empereur serait lui-même le premier à regretter l'exécution. La guerre est assez horrible sans y ajouter des cruautés inutiles. Je ne ferai fusiller personne. Je n'expédierai point les princes sous escorte. » Elle ajoute que M. Villemain, dont la merveilleuse mémoire était bien connue, ayant retenu cette lettre par cœur, après l'avoir lue deux fois, avait été ainsi à même d'en tirer une copie dont il lui avait promis un double. On ne peut que faire des vœux pour qu'une pièce d'une telle importance se retrouve, soit dans les papiers tombés en partage aux autres membres de la famille de Davout, soit dans les papiers laissés par M. Villemain; mais ce qui peut consoler de la perte de ce document, c'est qu'il nous est inutile pour juger en toute assurance que la conduite de Davout fut entièrement conforme à la réponse donnée plus haut. Il comprit dès le premier instant la situation qui lui était faite et il en éluda les périls avec un admirable bon sens. Il prit sur lui de ne pas exécuter la lettre des ordres prescrits, tout en en conservant l'esprit, et il en trouva le moyen en se renfermant sans en sortir d'une ligne dans les lois propres à la guerre et en les appliquant dans toute leur rigueur. Le voulait-on sévère, même dur, soit, les lois de la guerre, qui obligent tout soldat, sont sévères et dures; mais on lui recommandait la cruauté, et c'est à cela qu'il avait le droit de se refuser; ces lois n'imposant pas la cruauté avec la même évidence qu'elles imposent la sévérité. Il traita donc les Hambourgeois comme un chef d'armée traite les habitants d'une ville conquise, et non comme un vainqueur dans les guerres civiles traite des rebelles au gouvernement de la patrie; c'est dire qu'il leur épargna ces représailles qui rendent si douloureuses les répressions des discordes civiles et qu'autorisait cependant le titre de sujets de l'empire qu'ils portaient depuis 1810. Il ne fit fusiller ni rechercher personne pour cause d'opinions, mais il fit passer par les armes les espions avérés et les embaucheurs pris sur le fait. Il ne confisqua les biens de personne, mais lorsqu'il fut contraint par les besoins de l'armée, il s'empara *manu militari* de la banque de Hambourg et lui demanda les ressources que le commerce hambourgeois lui refusait. Il ne fit aucune proscription, mais lorsque les nécessités de la défense l'exigèrent, il usa du moyen dont se sert tout commandant d'une place assiégée et fit sortir de Hambourg vingt-cinq mille habitans. Pour toutes ces mesures, il était couvert non seulement par les ordres précis de Napoléon, mais par les lois traditionnelles de la guerre, en sorte qu'il put dire quelques mois plus tard en toute vérité à ses accusateurs : « J'ai fait simplement mon métier, j'en ai appliqué les règles et je ne suis coupable que si elles le sont. » C'est le raisonnement même qui fait le fond de son *Mémoire justificatif* adressé au roi Louis XVIII et qui lui prête une force de logique à l'abri de toute réfutation.

VIII

DAVOUT IMMOBILISÉ DANS HAMBOURG. — DÉFENSE DE CETTE VILLE. — 1814. — LE MÉMOIRE JUSTIFICATIF.

Si l'occupation de Hambourg n'eut pas pour Davout les conséquences odieuses qu'il avait pu un moment redouter, elle en eut une funeste qu'il ne fut pas en son pouvoir d'éviter, c'est qu'elle le cloua sur place et le tint éloigné du théâtre principal de la guerre pendant ces deux décisives années de 1813 et de 1814. Des juges fort experts en matière militaire se sont étonnés de cette immobilisation de Davout et ont insinué qu'il en fallait chercher le secret dans la défaveur de Napoléon. Nous n'avons guère autorité pour contredire ces jugements, mais il ne nous est pas évident qu'au début cette immobilisation fût dans la pensée de l'empereur. Napoléon attachait à Hambourg une importance exceptionnelle, si exceptionnelle qu'il voulait en faire une place forte de premier ordre. Désespérant d'y arriver dans les circonstances difficiles où il était, il voulut au moins que Davout la mît en état de défense sur tous les points où les travaux pouvaient être exécutés promptement, de manière qu'une faible garnison suffît à la défendre et laissât disponibles les forces du maréchal. La possession de Hambourg permettait en outre de surveiller de près les mouvements du prince de Suède, et Napoléon s'était probablement dit qu'il n'avait personne qu'il pût opposer à Bernadotte avec autant de confiance que Davout. Enfin, lorsque Hambourg serait repris et fortifié, Davout, y laissant, comme nous venons de le dire, une faible garnison, devait relier ses opérations à celles d'Oudinot sur Berlin dès que les ordres lui en parviendraient. On ne voit guère en tout cela une pensée d'immobilisation systématique. Mais les circonstances déconcertèrent ces premiers plans, les opérations d'Oudinot échouèrent, et les ordres attendus n'arrivèrent jamais. A partir du 18 août 1813, c'est-à-dire peu de jours après l'expiration de l'armistice, jusqu'à la chute de l'empire, Davout resta entièrement livré à lui-même, sans instructions quelconques, et sans pouvoir prendre à la guerre générale une autre part que celle trop modeste, par rapport à ses grands talents, que lui permettait cette situation fatale.

Dans la correspondance de Davout et de la princesse d'Eckmühl pendant les mois soucieux de cette occupation, on aperçoit les mouvements de la terrible lutte engagée au cœur de l'Europe comme par le moyen d'une lanterne sourde. Éloignés l'un et l'autre du théâtre de la guerre, les deux correspondants sont comme enveloppés dans une sorte de nuit; mais de temps à autre un filet de lumière jaillit brusquement et révèle l'imminence de la catastrophe. Là-bas, à Paris, on sent le danger qui s'avance à marches forcées et on se hâte pour le prévenir. Le besoin d'hommes est pressant, et il faut qu'il menace de le devenir bien davantage pour qu'on se décide à ces levées en masse de jeunes conscrits pris avant l'heure, levées dont s'afflige la maréchale, non sans bon sens et avec une prévoyance relevée de grâce : « J'aurais souhaité, pour le plus grand avantage de l'armée, qu'on n'eût pris que des hommes faits et parfaitement dans le cas de supporter la suite des fatigues, car le premier tourment des parents est la faiblesse de leurs enfants. Les très jeunes gens peuvent être moissonnés avant d'avoir rendu le plus petit service.

Je voudrais qu'ils se formassent au métier des armes dans de bons dépôts et que ceux qui doivent marcher de suite soient bien forts. Mais de quoi se mêle mon Aimée? vas-tu dire. Elle se mêle de *désirer que la force soit réelle au lieu d'être apparente,* pour que la paix soit promptement rendue à l'Europe, et par suite le bonheur à ton Aimée, toute à toi jusqu'à son dernier soupir. »

Il semble aussi, symptôme fâcheux sous un tel régime, que l'on commence à parler beaucoup, que l'on est à l'affût des nouvelles et qu'une des grandes préoccupations du moment est de s'informer. On disait hier dans le cercle de l'impératrice; la comtesse Compans vient de m'assurer; je tiens de la duchesse de Castiglione, — les lettres de la maréchale sont pleines de ces *on-dit* qui toujours se rapportent à quelque mauvaise nouvelle. Faux bruits, répond invariablement Davout, bruits qu'il faut regarder comme des manœuvres de l'ennemi, qui chante à chaque instant des *Te Deum* menteurs à nos oreilles et nous inonde de libelles anonymes. *Te Deum* et libelles peuvent être menteurs, ils n'en témoignent pas moins de l'acharnement toujours croissant de l'ennemi à provoquer la défection chez les quelques alliés qui nous restent, la rébellion chez les populations soumises, et, s'il se peut, la désertion parmi nos propres troupes. Pendant le mois qui suit l'armistice, la maréchale parle encore librement, mais le mois d'octobre venu, sur une lettre où elle trahit un peu trop vivement ses inquiétudes, Davout l'engage à se renfermer dans les nouvelles qui concernent sa santé et ses enfants, parce que ses lettres, n'arrivant plus aussi directement que par le passé, peuvent tomber entre les mains de l'ennemi, ce qui veut dire : « Je suis cerné plus étroitement que précédemment, les partisans se montrent en plus grand nombre et avec plus d'audace. » Enfin, dans les derniers jours d'octobre, cette correspondance presque journalière cesse brusquement. C'est que le désastre de Leipzig a eu lieu et que Davout, séparé désormais irrémédiablement de l'armée et de la France, a été obligé de s'enfermer dans Hambourg et d'y attendre que les événements viennent le relever de ce poste de combat.

C'est seulement alors que commença la véritable défense de Hambourg. Il en faut lire les détails dans la relation du général César de Laville, relation incorrecte sans doute, mais où parle cette éloquence des faits que ne remplace aucune adresse de langage. Davout y apparaît admirable. Cette tâche ingrate jusque-là, il la vivifie de tout le feu de son génie militaire et la relève jusqu'à l'héroïsme. Rarement on vit dans l'histoire militaire d'aucun peuple exemple d'une telle constance. Le voilà seul désormais, coupé de ses communications avec la France, sans espoir de réparer ses pertes, presque à la merci d'une population hostile, que la moindre étincelle peut enflammer et la moindre faiblesse dans le commandement enhardir jusqu'à l'insurrection. Sans perdre une heure, Davout se met à l'œuvre et fait en quelques jours une ville imprenable d'une ville en mauvais état de défense. Ces fortifications provisoires, recommandées par l'empereur, il les complète sous le feu même de l'ennemi. On fait des travaux de défense avec les matières les plus étranges, avec des branches d'osier et de la terre, avec le fumier des casernes, avec de la neige arrosée d'eau, qu'une nuit de froid transforme en remparts de glace. Pour se mettre à l'abri des surprises, Davout ordonne un abatis impitoyable des immeubles situés sur les glacis et des maisons de campagne des environs, puis, le pays ainsi découvert de manière qu'aucun mouvement ne puisse s'y faire sans qu'il l'aperçoive, il prend ses précautions contre l'ennemi de l'intérieur. Dans l'isolement où il est, qu'une attaque extérieure réussisse un instant, et des vêpres hambourgeoises sont à craindre; pour se rassurer contre cet accident possible, il fait sortir d'un coup vingt-cinq mille habitants et les jette sur Altona et autres localités. Il ordonne aux habitants restant de s'approvisionner de vivres pour six mois, prend des mesures analogues pour son armée et se précautionne ainsi contre la famine, qui a livré plus de places de guerre que le sort malheureux des armes. L'ennemi cependant multiplie ses attaques; quoique toujours repoussé, il devient de plus en plus pressant, et bientôt il arrive à séparer Davout du corps allié des Danois, qui, de son côté, est obligé de s'enfermer dans Gluckstadt; mais cet accident n'est point pour affaiblir la constance du chef, et il tient avec plus de ténacité que jamais. Le territoire défendu se rétrécit insensiblement; Davout ne bronche pas. Les nouvelles de France n'arrivent plus jusqu'à lui, mais l'ennemi qui les sait mauvaises s'en autorise pour menacer et provoquer à la révolte; Davout n'en trahit pas la moindre alarme. Enfin l'empire s'est écroulé, et Davout, qui tient Hambourg pour le compte de Napoléon, est encore debout plusieurs semaines après la chute de son maître, il serait debout six mois encore, si les événements le demandaient. Le 11 mai 1814, il sort enfin de cette place, qu'il n'a pas rendue, en y laissant, sous le commandement du général Gérard, une armée de quarante-deux mille hommes, qu'il a trouvé moyen de préserver contre l'hiver, la famine et la maladie. Hambourg est la troisième grande page de l'histoire militaire de Davout ; elle est digne des deux premières, elle leur est peut-être supérieure en ce sens que Davout y eut occasion de montrer ses qualités avec un *ensemble* que ne lui avaient permis ni Auerstaedt, ni Eckmühl, où il n'avait eu à les déployer que dans leurs parties les plus brillantes.

Comme il revenait en France, une lettre de sa femme l'atteignit en route et lui porta de fâcheuses nouvelles. « Comme j'allais fermer cette lettre, hier on est venu me dire qu'un aide de camp du ministre de la guerre avait une lettre à me remettre... Quelle a été ma surprise en reconnaissant que cette lettre t'était destinée et qu'elle renfermait l'invitation de quitter Paris, où l'on te croyait, pendant que tu serais appelé à te justifier des griefs portés contre toi ? Le premier est d'avoir fait tirer sur le drapeau blanc, le second de t'être emparé de la banque, et enfin d'avoir commis des actes arbitraires qui tendaient à rendre le nom français odieux. Il est pénible de se devoir défendre pour avoir fait ce que tout homme possédé du génie militaire eût fait à ta place. Tu trouveras un grand mécompte entre ce que l'on eût dû accorder à ta conduite et la manière dont on l'envisage ; mais, mon Louis, mon unique bien, cette injustice te met à même de montrer l'homme vertueux dans tout son éclat ; jusqu'ici, l'on ne connaissait que tes vertus militaires, dont la nature est d'être accompagnées d'infiniment de rigueur ». On sait comment Davout, pour répondre à ces accusations, écrivit alors son *Mémoire justificatif* adressé au roi Louis XVIII. Il n'eut pas de peine à établir que, s'il avait fait tirer sur le drapeau blanc, ce n'était point par pensée d'outrage, mais parce que Beningsen, contrairement aux conventions arrêtées, avait fait avancer ce drapeau pour s'emparer de positions que ces mêmes conventions lui refusaient. Pour les autres mesures, il se couvrit, comme nous l'avons dit, des lois de la guerre et surtout des ordres de Napoléon ; mais avec une loyauté que l'on ne saurait trop admirer, il ne cita de ces ordres que les parties les plus avouables et qui pouvaient le moins soulever la réprobation contre l'homme que les passions du temps n'appelaient plus que l'ogre de Corse [1]. Ce mémoire,

---

1. « Avouez, Davout, lui dit Napoléon la première fois qu'il le revit en 1815, que ma lettre a bien servi à votre justification. — Il est vrai, sire, répondit Davout, mais si j'avais

peu répandu à l'origine, supprimé en 1815 par Napoléon, est aujourd'hui connu de peu de personnes ; en le réimprimant dans la présente publication, la fille de Davout a rendu en plus d'un sens un véritable service à la mémoire de son père. A ne prendre cette pièce qu'au point de vue littéraire, elle mériterait encore d'être lue. Remarquable par la clarté du style, l'ordonnance des faits, la déduction aisément logique des raisonnements, ce mémoire est le morceau capital de la plume de Davout, et le seul certainement qu'il ait écrit en toute sa carrière à tête reposée.

C'est ici l'occasion de dire un mot du style propre à Davout. Ce style est à la fois excellent et incorrect. Le maréchal n'était pas un peseur juré de diphtongues, cela va sans dire, et il écrivait beaucoup trop et dans des circonstances trop pressantes pour avoir le temps d'éviter les répétitions ou de rechercher les tours de phrase élégants. Sa pensée en sortant s'habille comme elle peut du premier mot qu'elle rencontre; si le mot est heureux, c'est tant mieux ; s'il est faible, c'est tant pis. Ce qui est certain, c'est qu'en dépit de ces inégalités et à cause de ces

aujourd'hui à écrire ce mémoire, je donnerais la lettre entière. »

inégalités même, son style est bien fait à l'image de son caractère. Il lui faut la phrase courte, sans incidentes ni parenthèses, telle que l'aiment les pensées simples et les esprits tout d'une pièce. Les longues périodes ne sont point son fait non plus que les pensées compliquées; il s'y débrouille mal et manque de patience pour en suivre les mouvements ou d'adresse pour en relier les parties. Jamais homme ne fut moins fait pour le style de rhéteur ou d'académie. Mais il y a en lui un véritable écrivain *en puissance*, qui n'a pas eu le temps de se développer ni même de se reconnaître : on le sent au vigoureux relief des expressions et à la forte couleur dont la phrase est empreinte lorsque les rencontres sont heureuses. Une seule fois cet écrivain a eu l'occasion et le loisir de se révéler, c'est dans le *Mémoire justificatif sur Hambourg*, et ce document suffit pour nous laisser deviner ce qu'aurait été Davout comme écrivain s'il avait livré sa vie à la pensée aussi complètement qu'il l'avait livrée à l'action.

IX

1815. — DAVOUT MINISTRE DE LA GUERRE PENDANT LES CENT JOURS. — SON ROLE POLITIQUE APRÈS WATERLOO. — FUT-IL D'AVIS DE DÉFENDRE PARIS CONTRE LES ALLIÉS ? — NOTE IMPORTANTE DE M. CLÉMENT (DU DOUBS).

Davout, ne devant rien à la première restauration qu'une demi-persécution, répondit sans hésiter au premier appel de Napoléon après le retour de l'île d'Elbe. Nommé ministre de la guerre, il servit son ancien maître pendant les cent jours avec cette activité qui lui était ordinaire et cette fidélité invulnérable que n'avaient pu entamer ressentiments ni dégoûts. Les nouveaux mémoires nous offrent peu de documents importants sur son ministère jusqu'à Waterloo; nous avons eu occasion, dans le cours de cette étude, d'en citer les principaux, la correspondance avec Oudinot et la lettre à Rapp, à laquelle nous aurions pu ajouter une lettre du même ton écrite à Soult pour le prier de ne pas contrecarrer par ses ordres ceux qu'il donnait lui-même. Des documents restant, le plus curieux est un rapport à l'empereur sur un certain baron saxon du nom de La Sahla. Ce personnage, convaincu d'avoir voulu naguère assassiner Napoléon en Allemagne, s'était fait envoyer par Vandamme à Davout, prétextant qu'il était maintenant rallié à la cause de l'empereur et montrant comme preuves de sa véracité des passeports qu'il prétendait avoir obtenus du ministère prussien sur la promesse d'une nouvelle tentative de meurtre. Les documents postérieurs à Waterloo ont un intérêt plus véritable, et dans le nombre il en est un d'une importance considérable qui nous invite à nous arrêter sur le rôle du prince d'Eckmühl pendant les jours troublés qui séparèrent l'empire de la seconde restauration.

Nous savons par nos tristes expériences contemporaines ce qui se passe dans ces moments de crise où les nations sont comme sous un nuage. Comme dans ces moments la rapidité des événements crée la nuit dans les intelligences, que ce qu'on avait cru vrai la veille se trouve faux le lendemain, que l'appui sur lequel on comptait il y a une heure se trouve à l'heure suivante ne plus exister, les passions, surexcitées par le danger qui les presse et affolées par l'incertitude, vont tâtonnant avec violence dans les ténèbres, cherchant à quoi se soutenir et qui accuser. De là ce feu croisé d'invectives, de délations, de récriminations, d'injures, de calomnies, de superstitions et de sottises, qui toutes ont trouvé sur le moment des crédules, des adhérents et des dupes, mais qui à distance font à celui qui pèse froidement les circonstances de cette crise, devenue de l'histoire, l'effet de cette fonte des paroles gelées qui émerveilla si grandement Pantagruel et ses compagnons. La conduite du prince d'Eckmühl, à cette époque, a été très diversement jugée, et toujours passionnément, soit par les royalistes, qui lui trouvaient trop peu d'empressement à marcher au-devant des Bourbons, soit par les bonapartistes, qui l'accusaient d'ingratitude envers Napoléon, et reprochaient à sa fidélité de n'avoir pas survécu à l'abdication. La conduite du prince d'Eckmühl fut, à notre avis, cependant fort claire, et nous allons tâcher de l'expliquer en quelques mots telle qu'elle nous apparaît.

Il y a deux phases à cette conduite, la phase d'avant l'abdication et la phase d'après ; mais, dans l'une comme dans l'autre, Davout n'a voulu qu'une même chose sous deux formes diverses : sauvegarder l'indépendance nationale de manière que la France restât maîtresse de ses destinées et que la défaite de ses armes ne fût pas un prétexte pour lui imposer celles même qui pouvaient lui être le plus bienfaisantes et que le cours des événements indiquait en toute évidence. Après Waterloo, et dès que Napoléon fut de retour, Davout s'empressa de se rendre auprès de lui ; il le trouva au bain, fort abattu, et roulant déjà des pensées d'abdication. Avec la décision qui était dans sa nature, Davout lui conseilla de prendre hardiment parti sur l'heure, de casser les chambres et de résumer en lui seul pour un temps le gouvernement de la France. Le conseil assurément n'était pas conforme à l'orthodoxie constitutionnelle, mais la question est de savoir si ce moyen peu parlementaire n'était pas le seul qui répondît aux nécessités de l'heure présente. Si la lutte était encore possible, en effet, elle ne pouvait l'être qu'à cette condition. Il fallait que la France parût une dans sa résistance, et pour cela, il fallait que sa cause parût identifiée à Napoléon, inséparable de sa personne. Or le maintien des chambres devait rendre impossible cette illusion nécessaire. Avec elles, la France allait apparaître divisée contre elle-même ; on verrait qu'une partie refuserait d'associer l'existence nationale à la fortune du souverain, tandis que l'autre, par amour aveugle du souverain, serait prête à compromettre cette existence même. D'ailleurs, même quand elles vont vite, les assemblées procèdent encore avec trop de lenteur, et les circonstances étaient de celles qui n'admettaient pas une lutte languissante. Ce conseil rejeté, l'abdication était inévitable, et une fois cet acte accompli, Davout vit clairement qu'il n'y avait qu'un seul dénouement à la crise dans laquelle s'agitait la France, et que ce dénoûment était fatal.

Ce fut librement qu'il accepta cette solution, car qu'un tel homme ait pu être la dupe de Fouché, comme on l'a écrit et comme sa fille semble l'admettre, c'est ce qu'il nous est très difficile de croire. Quel besoin Davout avait-il de Fouché pour comprendre que, Napoléon ayant abdiqué et le gouvernement de son fils sous une régence n'ayant aucune chance d'être accepté par les alliés, il n'y avait pour la France que deux alternatives : ou se prêter au rétablissement des Bourbons, ou revenir à l'anarchie révolutionnaire, qu'il abhorrait de toute son âme. Mais, après comme avant l'abdication, l'indépendance nationale restait son principal souci. Il lutta autant qu'il le put pour que le nouveau gouvernement fût ou parût un choix de la France et non une conséquence de la victoire, et pour empêcher que les alliés ne s'arrogeassent le droit d'imposer à la France ses conditions d'ordre intérieur. Après l'abdication, il essaya de négocier un armistice avec les généraux des armées alliées en cherchant à leur faire accepter la distinction qu'il établissait dans sa pensée entre la France et le souverain qui était la cause unique de la guerre. « Les motifs de la guerre que nous font les souverains alliés n'existent plus, puisque l'empereur Napoléon a abdiqué », disait-il dans une lettre fort noble adressée à Wellington. C'est le raisonnement par lequel après Sedan le parti républicain essaya aussi d'arrêter la guerre ; le moyen, il faut le dire, ne réussit pas mieux à Davout en 1815 qu'à la république en 1870. Wellington lui répondit en *gentleman* correctement poli qu'il ne s'arrêterait que lorsqu'il aurait obtenu des conditions de paix stable ; Blücher lui répondit en fanatique qui se venge que l'abdication de Napoléon n'emportait pas toute raison de continuer la guerre, et que les alliés poursuivraient leur victoire, Dieu leur en ayant donné la volonté et les moyens. Puisque les généraux des armées alliées refusaient de faire la distinction que demandait Davout, il était bien permis de penser que c'était à l'indépendance même de la nation qu'ils en voulaient, et alors cette question se posait naturellement : ne vaut-il pas mieux courir les chances d'arracher par de nouveaux combats une paix honorable que d'attendre passivement celle qu'il plaira aux alliés de nous imposer? C'était le sentiment d'une partie de l'armée, et quoique Davout fût trop sagace pour ne pas savoir que le sort de la France ne tenait pas désormais à une bataille gagnée de plus ou de moins, je crois fermement qu'il le partagea un moment. Comment donc se fait-il qu'il ait été précisément accusé de n'avoir pas voulu livreé bataille pour défendre Paris contre l'entrée de-alliés?

C'est qu'il se trouvait dans une situation difficile dont les complexités embarrassaient sa nature peu flexible bien mieux que toutes les finesses de Fouché. Hier ministre de Napoléon, aujourd'hui résigné par raison aux Bourbons, il se trouvait au confluent de deux partis dont il ne voulait servir ni les espérances ni les craintes. La partie ardente du camp bonapartiste désirait la continuation des hostilités beaucoup dans l'espérance qu'une bataille gagnée aurait chance de faire accepter par les alliés le fils de Napoléon et de rendre l'opinion moins favorable au rétablissement des Bourbons; le parti royaliste la redoutait parce qu'il prévoyait que toute nouvelle défaite se traduirait dans l'opinion vulgaire par un accroissement d'impopularité pour la dynastie restaurée. Il était assez difficile de faire comprendre aux premiers que, s'il fallait continuer les hostilités, ce ne pouvait être que par point d'honneur patriotique et pour que la France restât maîtresse d'elle-même, aux seconds qu'une bataille gagnée aurait pour les Bourbons ces inappréciables avantages de ne pas associer leur restauration à une défaite, de ne pas aliéner l'armée, de permettre au roi de traiter directement de la paix avec les alliés et d'entrer dans Paris sans escorte étrangère. Davout était attaché par des liens trop nombreux au parti vaincu pour rompre ouvertement en visière avec lui et pour blesser des regrets qu'il partageait plus que probablement, et d'autre part, il était trop suspect au parti royaliste pour espérer d'avoir assez d'action sur lui pour l'amener à partager cette politique patriotique que nous avons résumée dans les lignes précédentes. Dans cette position difficile et se sentant pour ainsi dire isolé dans ses opinions, il se renferma d'abord dans le silence qui lui était habituel, mais les circonstances ne lui permirent pas de s'y tenir longtemps, et quand il le rompit, ce fut pour se déclarer ouvertement favorable à la continuation de la lutte.

Il y a une vingtaine d'années, vivait encore M. Clément, député du Doubs en 1815. Il avait fait partie, en qualité de secrétaire de la chambre des représentants, de la réunion d'état convoquée par Fouché pour délibérer précisément sur la question de savoir si l'armée française devrait se porter en avant pour arrêter la marche des alliés sur Paris. M#me# de Blocqueville, ayant entendu dire que ce respectable vieillard professait pour le patriotisme du prince d'Eckmühl en 1815 une admiration qui datait précisément de cette fameuse séance, désira être mise en rapport avec lui. Le résultat de ces entrevues fut la note suivante, qu'il rédigea sur l'invitation de la fille de Davout et qu'il lui remit à la condition qu'elle ne serait pas publiée de son vivant. Nous donnons cette note dans toute son étendue, d'abord à cause de son importance, ensuite parce qu'elle est le document même dont M. Thiers s'est servi pour le récit de cette scène dans son dernier volume de l'*Histoire de l'empire*. Il est évident, en effet, ou bien que cette note lui a été communiquée, ou bien qu'une note à peu près identique a été rédigée pour lui par le même M. Clément, ainsi que pourront s'en convaincre tous ceux qui, après l'avoir lue, auront la curiosité de la comparer au récit de l'historien.

Après le désastre de Waterloo, les armées anglaises et prussiennes, sous le commandement de Wellington et de Blücher, se dirigeaient sur Paris.

L'armée française, campée à la Villette et commandée par le maréchal prince d'Eckmühl, ministre de la guerre, demandait à marcher à l'ennemi et à lui livrer bataille. Elle avait exprimé ce vœu dans les adresses envoyées aux deux chambres et au gouvernement provisoire.

Dans ces circonstances, le duc d'Otrante, président du gouvernement, crut devoir convoquer les bureaux des deux chambres pour les consulter sur la question de savoir si notre armée se porterait à la rencontre de l'ennemi et lui livrerait bataille.

La réunion eut lieu au palais des Tuileries où siégeait le gouvernement provisoire. Elle était composée des cinq membres du gouvernement, savoir :

Le duc d'Otrante, *président;*

MM. Carnot, Caulaincourt, duc de Vicence, comte Grenier et Quinette;

M. Berlier, *secrétaire;*

Des bureaux des deux chambres;

Du maréchal prince d'Eckmühl, ministre de la guerre et commandant en chef de l'armée de Paris;

Du maréchal prince d'Essling, commandant les gardes nationales de la Seine.

Le ministre de la guerre s'était fait accompagner des généraux Decaux et Évain, chargés des services de l'artillerie et du génie, lesquels devaient rendre compte de l'état de la place de Paris, de ses moyens de défense en cas de siège, des approvisionnements de toute espèce, etc.

Le conseil réuni, le duc d'Otrante annonça le motif pour lequel il avait été convoqué et invita les membres à faire connaître leur opinion.

Personne n'étant préparé pour une discussion de cette nature et n'ayant demandé la parole, le président interpella brusquement celui qui écrit ces lignes, M. Clément, l'un des secrétaires de la chambre des représentants, avec lequel le duc avait eu de fréquents rapports depuis la réunion des chambres, ce qui avait établi entre eux une espèce de familiarité : il l'invita à ouvrir la discussion.

M. Clément, un peu étonné de cette interpellation, répondit que, n'étant pas militaire, il ne pouvait avoir d'opinion dans une pareille affaire, qu'il s'en formerait peut-être une quand il aurait entendu MM. les maréchaux qui faisaient partie du conseil. Il exprima surtout, mais avec beaucoup de réserve et de déférence, le désir de connaître l'opinion de M. le prince d'Essling, qui s'était illustré par la défense de Gênes et qui lui paraissait parfaitement en état de juger si Paris pouvait être défendu, en cas d'attaque.

Le duc d'Otrante invita alors le prince d'Essling à faire connaître son opinion. Celui-ci ne put se dispenser de prendre la parole ; mais, soit parce qu'il n'était pas préparé à parler, soit parce que ses facultés s'étaient peut-être déjà un peu affaiblies, il ne dit rien qui pût éclairer le conseil et faciliter une discussion ; il se renferma dans des généralités et ne conclut point.

Après M. le prince d'Essling, deux secrétaires de la

chambre des pairs parlèrent successivement et avec une grande violence. Ils exprimèrent l'un et l'autre l'avis qu'il fallait livrer bataille, ne fût-ce que pour l'honneur de nos armes. L'un de ces orateurs ayant dans son discours prononcé quelques mots qui semblaient être une attaque contre M. le prince d'Eckmühl, celui-ci s'en émut, et, se levant immédiatement, demanda la parole avec une grande vivacité.

Il dit qu'il n'ignorait point qu'on répandait dans Paris le bruit qu'il n'était point disposé à se battre, que c'était une infâme calomnie contre laquelle il protestait de toutes les forces de son âme. Il ajouta qu'il ne demandait au contraire qu'à se battre et qu'il était prêt à livrer bataille dès le lendemain si le gouvernement l'y autorisait.

Ces paroles ayant été prononcées avec beaucoup de chaleur et l'accent de la plus grande loyauté, le duc d'Otrante craignit qu'elles ne produisissent sur les membres du conseil un effet contraire à celui qu'il paraissait désirer; il essaya en conséquence d'embarrasser le prince d'Eckmühl, le sommant en quelque sorte de dire si, en demandant avec autant d'assurance à livrer bataille, il croyait pouvoir répondre de la victoire. Ce furent ses propres expressions.

Mais le prince d'Eckmühl, sans se laisser déconcerter par une pareille question, répondit : « Oui, monsieur le président, j'ai une armée de 73,000 hommes, pleins de courage et de patriotisme, et je réponds de la victoire et de repousser les deux armées anglaise et prussienne, si je ne suis pas tué dans les deux premières heures. »

Cette réponse fit une très vive impression sur le conseil, dont la majorité des membres aurait probablement exprimé une opinion conforme au vœu du prince d'Eckmühl, si M. Carnot, l'un des membres du gouvernement, n'eût pris la parole en ce moment.

M. Carnot, qui portait un habit de simple garde national, tout couvert de poussière, fit un discours dont M. Clément, qui écrit cette note, se rappelle entièrement la substance et même les paroles.

Il dit qu'il descendait de cheval et venait d'inspecter, pour la seconde fois, les travaux entrepris pour la défense de Paris; qu'il n'était pas suspect dans l'opinion qu'il allait exprimer, car il avait voté la mort de Louis XVI et n'avait à attendre que des persécutions et l'exil de la part des Bourbons, qui, par l'appui des armées coalisées, étaient à la veille de rentrer dans la capitale, mais qu'il était Français avant tout, et qu'à ce titre il se croirait coupable, s'il conseillait une résistance qui serait inutile et aboutirait en définitive au siège de Paris.

Il représenta avec beaucoup d'énergie la responsabilité qui pèserait sur ceux qui auraient exposé aux horreurs d'un siège une capitale renfermant une population aussi nombreuse, tant de richesses, de monuments, etc. Il fit entendre qu'il y avait trahison évidente, car Paris n'était défendu que sur les points où il ne pouvait pas être attaqué, et qu'il était absolument sans défense sur les points vulnérables. D'ailleurs, les subsistances n'étaient point assurées et les approvisionnements de guerre manquaient tout à fait.

En cet état de choses, et tout en rendant justice au patriotisme du prince d'Eckmühl, M. Carnot déclara que, en son âme et conscience, il regarderait comme un crime d'avoir contribué à exposer Paris à un siège, attendu qu'il était sans défense.

Ces paroles prononcées avec calme et une véritable conviction, et surtout de la bouche d'un homme dont on connaissait l'austérité de principes et le dévouement à son pays, produisirent sur l'assemblée une vive émotion. La délibération cessa à l'instant, et chacun se retira dans un profond sentiment de tristesse. Mais celui qui écrit cette note et qui siégeait entre les deux maréchaux d'Eckmühl et d'Essling est resté convaincu de la loyauté et du patriotisme du prince d'Eckmühl et n'a pas douté un instant, après l'avoir entendu, de sa ferme résolution de livrer bataille s'il y eût été autorisé. Il est probable que tous les hommes graves et sans passions présents au conseil partageaient cette opinion.

M. Clément, guidé par l'amour de la vérité et par ses sympathies pour le sentiment filial de Mme la marquise de Blocqueville, née d'Eckmühl, a rédigé cette note pour elle, mais non pour recevoir la publicité.

Signé : M.-L. CLÉMENT.

P. S. — Il n'est pas inutile d'ajouter comme complément de cette note que M. le prince d'Eckmühl, après avoir prononcé le discours mentionné ci-dessus, et comme ayant un pressentiment que sa conduite pendant les cent jours pourrait être incriminée, avait dit à M. Clément, en lui serrant les mains avec émotion : « Je vous prie, monsieur, de vous rappeler les paroles que je viens de faire entendre. Peut-être serai-je un jour dans le cas d'invoquer votre témoignage au sujet de ce qui se passe ici en ce moment. »

Signé : M.-L. CLÉMENT.

Cette note obtenue, Mme de Blocqueville nous dit qu'elle n'en fut point entièrement satisfaite, et Edgar Quinet, à qui elle fut communiquée quelques années après, exprima une opinion analogue. Elle a paru cependant suffisamment claire à M. Thiers, qui a accepté le témoignage de M. Clément sans le torturer pour lui faire dire autre chose que ce qu'il dit. Nous demandons, comme lui, à cette note ce qu'elle affirme, non ce qu'elle tait, supprime ou laisse entendre. Nous n'avons pas à chercher qui Carnot accusait lorsqu'il faisait entendre qu'il y avait trahison. Interrogé sur ce point, M. Clément refusa de répondre catégoriquement, et parla de Fouché et encore d'un autre qu'il ne nomma pas. Or cet autre ne pouvait être évidemment le prince d'Eckmühl, car s'il en eût été ainsi, la note de M. Clément, que rien ne l'obligeait à écrire, loin d'être un hommage à la vérité, comme il le dit, serait une œuvre volontairement mensongère d'un bout à l'autre, et il faudrait en outre supposer qu'en rendant justice au patriotisme de Davout, Carnot ne faisait autre chose que s'acquitter d'un devoir de banale politesse, ce qui est impossible à concevoir d'un homme aussi rigide et dans un pareil moment.

Ce point obscur une fois écarté et en nous en

tenant à ce qu'elle affirme, cette note est la justification complète du prince d'Eckmühl, quel que soit le point de vue auquel on se place. Si, en effet, comme une certaine opinion répandue l'en accusait, il se refusait à livrer bataille, l'avis émis par Carnot est plus que suffisant pour faire comprendre que cette hésitation était fort naturelle et ne peut inculper en rien son patriotisme. Mais cette hésitation n'a pas même existé, car nous le voyons, au contraire, demander à livrer bataille avec une véhémence extraordinaire, et que cette demande fut faite avec une entière sincérité, nous en avons pour garantie non seulement l'impression de M. Clément, mais cette parole prononcée au sortir de la séance et recueillie par son aide de camp Trobriand : « Aucun ne veut prendre la responsabilité, eh bien, je la prendrai, moi, s'ils me laissent faire. » Enfin cette demande est repoussée, et c'est l'avis de Carnot qui prévaut. Pas un des membres présents ne le réfute, et cependant cette réunion est composée de personnages fort considérables, plusieurs militaires, entre autres un certain Masséna, prince d'Essling, le seul rival de gloire véritable de Davout. S'ils partageaient l'avis du prince d'Eckmühl, que ne le disaient-ils? Et si ce fut être coupable que de ne pas essayer de s'opposer à l'entrée des armées alliées, qui donc le fut en réalité? En tout cas, il faut convenir que voilà une accusation qu'il serait injuste de faire porter à Davout seul, et qu'il faut l'étendre à bien des personnes, à Carnot tout le premier, à Carnot, dont le patiotisme, je suppose, n'a jamais été mis en question.

Notre tâche finit avec ce cruel mécompte, où se montre encore l'implacable guignon qui poursuivait le maréchal depuis 1812. Ses derniers actes, en cette année 1815, sont bien connus. On sait comment, après la capitulation, il conduisit les débris de l'armée de l'autre côté de la Loire ; mais ce que l'on n'a pas assez dit, c'est la véhémence, la chaleur et la constance opiniâtre avec lesquelles il plaida la cause de cette armée, qu'il redoutait de voir sacrifiée aux rancunes du parti royaliste. Il voulait qu'une sorte d'amnistie tacite couvrît sa conduite pendant les cent jours, et que les proscriptions et les révocations fussent épargnées à ses membres. A toutes ses sollicitations on répondit qu'une soumission pure et simple serait seule agréée, et il reçut l'ordre de faire prendre à ses troupes la cocarde blanche. Cet ordre, il l'exécuta, il faut le dire, avec une bonne grâce médiocre, et, cela fait, il méditait de donner sa démission de général en chef et même de maréchal lorsqu'à son retour de l'armée de la

Loire il fut interné dans sa terre de Savigny, qu'il trouva envahie par les Prussiens. Une circonstance dramatique le tira momentanément de cette retraite forcée à la fin de 1815, mais pour lui faire échanger cet exil en famille et aux portes de Paris contre un autre beaucoup plus dur : nous voulons parler du procès du maréchal Ney. On se rappelle la mésintelligence qui s'était élevée entre les deux maréchaux pendant la campagne de Russie ; mais, il faut le dire à la louange de leurs cœurs, ils n'avaient ni l'un ni l'autre persisté dans leurs rancunes. Du côté de Davout au moins, nous savons que cette rancune ne dépassa jamais une certaine froideur. Ainsi, lorsque Ney fut créé prince de la Moskowa, Davout applaudit, mais se dispensa de le féliciter à cause de leurs relations peu amicales ; lorsque les revers vinrent sérieusement pour l'un et pour l'autre, ils ne se souvinrent que de leur longue confraternité d'armes. En 1814, nous voyons Ney multiplier les démarches en faveur de Davout et plaider vivement sa cause auprès de Louis XVIII. En 1815, ce fut au tour de Davout à intervenir en faveur de Ney ; il insista d'abord pour que la famille du maréchal demandât qu'il fût jugé par un conseil de guerre, et fut désespéré que son avis fût rejeté. « Pas un seul, même Raguse, l'entendit-on s'écrier, n'aurait condamné un pareil homme. » Appelé en témoignage devant la cour des pairs, on sait qu'il déclara que la convention de Paris signée par lui couvrait tous les actes accomplis pendant les cent jours, que par conséquent Ney se trouvait placé sous la protection de ce traité. La récompense de cette déposition fut, nous venons de le dire, l'échange de l'internement à Savigny contre l'exil à Louviers. Cet exil dura un an, au bout duquel temps le maréchal, rentré en grâce, sinon en faveur, prêta serment à Louis XVIII et fut appelé à venir prendre son rang à la chambre des pairs. Il y commençait une nouvelle carrière, moins périlleuse à coup sûr que la première, mais qui peut-être, si elle eût pu se prolonger, n'eût pas montré moins efficacement l'étendue réelle de ses facultés, ainsi qu'en témoignent les quelques discours prononcés dans sa courte carrière parlementaire, lorsque, le 1er juin 1823, la mort vint prématurément mettre fin à une existence qui n'avait eu d'autre repos que celui que lui avaient fait les disgrâces et l'exil.

Un dernier trait qui fait trop d'honneur à Davout pour être omis nous oblige de nous arrêter encore un instant. La chute de l'empire le laissa dans une situation de fortune des plus difficiles.

Malgré ses nombreuses et immenses dotations, il n'avait jamais été paisiblement riche, et pendant les quinze années du régime impérial, nous le voyons obligé de faire face à d'énormes échéances sans cesse renaissantes. Cette gêne relative de Davout n'était un secret pour personne dans le haut monde impérial, car nous voyons Mme de Rémusat se servir précisément de cet exemple pour expliquer comment la fortune des grands dignitaires de l'empire était plus apparente que réelle. L'empereur récompensait magnifiquement les services qui lui étaient rendus, mais c'était à la condition que ces récompenses mêmes seraient utiles à son gouvernement en rehaussant l'éclat de sa cour. Elles imposaient donc à ceux qui en étaient honorés une existence qui ne permettait aucun calcul privé ni même aucune prudence de gestion. Ainsi la maréchale résista très longtemps à l'obligation d'avoir un hôtel à Paris, mais il fallut enfin céder, et cette acquisition fut pour les époux une des principales sources des difficultés financières dans lesquelles nous les voyons se débattre en 1815. Si libérales qu'elles fussent, les récompenses impériales n'étaient d'ailleurs rien moins que gratuites. Sur chaque dotation, il fallait payer des sommes considérables à la caisse de l'empereur et au domaine public. Enfin, par sa nature même, cette opulence des grands dignitaires de l'empire était extrêmement précaire, étant fondée sur des dotations qui n'étaient pas destinées à survivre au régime napoléonien. Certainement Davout avait à plusieurs reprises reçu de magnifiques dotations ; cependant, tous comptes faits on trouve qu'il n'a pas été opulent plus de trois ou quatre années. Sa très grande fortune, en effet, date des années 1807 et 1809. Or, dès 1812, ses revenus fléchissent; en 1813, la guerre étant transportée dans les pays allemands, ils sont presque nuls; en 1814, tout disparaît à la fois, dotations de Pologne, dotations d'Allemagne, salines de Nauheim, etc. Restaient les dotations d'Italie : en 1815, elles disparaissent à leur tour. Il faut ajouter que, pendant tout le temps qu'avait duré cette opulence passagère Davout, avec une générosité sans calcul, en avait profité non seulement pour en faire bénéficier ceux qui l'entouraient ou lui tenaient de près, mais pour se créer des obligations de bienfaisance de diverse nature. La chute de l'empire, en tarissant la source de ses revenus, le plaça donc dans un état de crise financière qui, sans avoir de gravité sérieuse, n'en était pas moins momentanément fort aiguë et l'obligeait à des privations de tout genre. Plus d'un de nos lecteurs peut-être aura pu connaître par expérience combien sont délicates et difficiles au point de vue financier les transitions d'un certain état d'existence à un autre état; c'est dans une de ces transitions nécessaires que Davout se trouvait engagé lorsque l'exil de Louviers vint le surprendre. Parmi les soucis que lui créait cet exil, il faut compter, — qui le croirait? — les nécessités de la double dépense de logement auquel l'obligeait sa séparation d'avec la maréchale. Obligée de liquider le passé, la princesse d'Eckmühl est forcée de louer son hôtel pour se créer des ressources, et l'on trouve dans sa correspondance de cette époque des détails comme celui-ci : « J'oubliais de te dire que je viens de vendre seize douzaines d'assiettes d'argent à 54 francs le marc ». Une lettre écrite de Louviers en avril 1816, — on voit que ses embarras de finances durèrent de longs mois, — va nous montrer à quelles préoccupations d'économie cette situation le réduisait.

Je désire vivement que les espérances que Julie te donne se réalisent. Si ma situation actuelle se prolongeait, elle ajouterait beaucoup à nos embarras de fortune, car, avec quelque économie que nous subsistions ici, ce sont des dépenses en plus: le loyer de la maison et notre nourriture, voilà ce que nous économiserions à Savigny. Je reconnais chaque jour que, pour laisser un peu de pain à nos enfants, il faut que nous nous abonnions aux plus grandes privations; avec le peu que nous avons, nous leur transmettrons l'honneur et le désintéressement.

Je viens de recevoir une lettre d'un Danois, qui *malheureusement me coûte trente-six sous de port (il faut, pour que je fasse cette réflexion, que je sois bien dénué de fonds,)* qui m'offre de faire l'acquisition d'une belle terre dans le Holstein. Le roi de Danemark, dit-il, toujours mon ami (il ose en répondre), — ce sont ses expressions, — me verrait établi avec beaucoup de plaisir dans ses états. Cet officieux suppose que, parce que pendant dix ou douze ans j'ai eu de grands commandements, j'ai dû acquérir une grande fortune. Oui, j'ai eu de grandes dotations; mais les événements m'en ayant privé, il ne nous reste de bien que les économies que tu as faites sur les revenus de nos dotations; aussi si je ne suis pas sans pain, c'est à toi, mon Aimée, que j'en ai l'obligation.

Je répondrai à cette personne que, pour deux raisons, je ne puis accepter sa proposition : la première, c'est que, pour acquérir chez lui, il me faudrait vendre le peu que je possède en France, et la seconde, c'est que, à moins de force majeure, je veux être enterré dans ma patrie...

Je désire bien apprendre, mon amie, que tu as terminé la location de l'hôtel et que tu as obtenu un trimestre d'avance, afin de pouvoir le distribuer à nos fournisseurs; nous sommes sensibles à leurs procédés, bien rares, de les voir se contenter des acomptes que nous pouvons leur donner.

« Là où sont les grandes portes sont aussi les grand vents », dit un proverbe des paysans de nos régions du centre. Ce dicton expressif, qui mériterait d'être retenu par toute personne à propensions envieuses, pour être récité comme *charme* contre les mauvais mouvements de son cœur, trouve une ample justification dans le cas de Davout.

Nous avons tout dit maintenant, n'ayant pas à nous occuper de ce qui est de l'histoire depuis longtemps connue; mais cependant, en terminant, nous sentons un vif regret que nous ne pouvons nous empêcher d'exprimer : c'est de n'avoir pas parlé autant que nous l'aurions voulu de l'éditeur de ces documents et des parties qui lui appartiennent en propre dans sa publication. Heureusement l'ardente piété filiale dont témoignent ses pages vibrantes nous est un sûr garant que Mme la marquise de Blocqueville nous pardonnera si son père a pris, à son détriment, toute la place dont nous pouvions disposer. Elles méritent d'être lues et elles seront lues avec des sentiments fort divers peut-être, mais qui, dans leur diversité, n'auront rien qui les rapproche de l'indifférence et de la froideur, ces pages tantôt enthousiastes, tantôt vengeresses, toujours contagieuses dans l'exaltation comme dans la colère, ainsi que le sont et doivent l'être les expressions de tous les sentiments forts. Les partisans aujourd'hui si nombreux des doctrines de l'atavisme pourraient lire ces pages avec intérêt, ne fût-ce que pour vérifier leurs théories sur l'évolution physiologique des penchants et des aptitudes par la transmission héréditaire, car à la véhémence de ces réfutations, à la soudaineté de ces bonds éloquents par lesquels son indignation s'abat sur les détracteurs de son père, à la joie impitoyable avec laquelle elle les lacère de son ironie, on reconnaît aisément la fille d'un lion. Les effets de cette *musique du sang* dont parle Calderon sont là sensibles en toute évidence. Par cette publication, M*me* la marquise de Blocqueville a donné une preuve nouvelle et très frappante de cette vieille vérité que les époques sceptiques aiment trop volontiers à nier : c'est que les inspirations du cœur sont les meilleures et de beaucoup. Peut-être, avant de commencer cette entreprise, a-t-elle rencontré plus d'une résistance, peut-être a-t-elle eu à lutter contre les défiances de ses amis, contre les craintes légitimes de ses proches, mais fermant l'oreille à tous les conseils elle n'a voulu prendre avis que des mouvements de sa piété filiale, et finalement il s'est trouvé qu'elle avait eu raison. Cette tâche, qu'on lui faisait entrevoir si lourde; elle l'a soulevée à son plus grand honneur, et sa piété filiale agissant en elle, comme, selon le dogme chrétien, la grâce agit dans les âmes qui gardent confiance, ses forces au lieu de diminuer, se sont accrues à mesure qu'elle avançait, ainsi qu'en témoignent ces deux derniers volumes, qui sont de beaucoup supérieurs aux premiers. Cette publication est pour elle une véritable victoire, car elle y a réalisé ce qu'elle avait voulu faire, c'est-à-dire une apologie toute nouvelle de la nature morale de son père. Il y a quelque vingt années, Edgar Quinet, ayant eu occasion d'échanger à propos de la publication de son *Histoire de 1815* une correspondance avec Mme la marquise de Blocqueville, l'engageait vivement à entreprendre une biographie du maréchal Davout. « Personne plus que vous, madame, lui disait-il, n'a qualité pour une telle œuvre. Vous assouplirez le bronze... » Eh bien ! cette espérance de l'auteur d'*Ahasverus* a, on peut le dire, trouvé satisfaction. Le bronze a été réellement assoupli par les soins de la fille du maréchal, car, par cette publication, le sévère et opiniâtre homme d'action que l'on connaissait depuis longtemps se trouve désormais inséparablement associé à un homme moral, bon, généreux, humain, aimant, qu'il ne sera plus permis d'ignorer maintenant. Davout n'appartient plus seulement à la catégorie des hommes qui sont la gloire de notre nature, il appartient à la catégorie bien plus rare de ceux qui en sont l'honneur, et cette couronne morale, c'est bien la main de sa fille qui l'a tressée et déposée sur son front, d'où elle ne sera plus enlevée.

APPENDICE

Nous sommes assez heureux pour pouvoir ajouter deux lettres inédites du maréchal Davout à cette esquisse de sa vie et de son caractère; on ne peut dire avec certitude à qui la première fut adressée, la suscription manquant. Elle doit avoir été écrite soit à Masséna, soit au maréchal Soult.

I

Il paraît, mon cher maréchal, qu'il se passe en Russie des événements de la plus grande importance; divers rapports assurent que l'empereur Alexandre a quitté Pétersbourg avec toute sa famille. Tout porte à croire que ce souverain est déterminé à remplir les engagements qu'il a pris avec notre empereur. Je vous adresse copie d'un des rapports qui me sont parvenus.

Du côté de la Galicie tout est tranquille, cependant les Autrichiens sont sous les armes; mais la mauvaise saison va bientôt rendre toute opération militaire impossible.

J'attends des nouvelles sur ce qui se passe en Russie, aussitôt qu'elles me seront parvenues je vous les communiquerai.

Je vous prie, mon cher maréchal, de me faire connaître celles qui vous parviendront.

Je vous réitère l'assurance de mon amitié.

Le maréchal : L. DAVOUT.

Varsovie, le 11 octobre 1807.

11

Au général en chef Marmont, à Utrecht.

Mon cher général, l'empereur me prévient le 14 qu'il arrivera à La Haye pour que l'on fournisse dans le plus bref délai les 6 à 700 matelots qui manquent pour compléter les équipages des bâtiments de guerre et de transport de la flottille batave aux ordres de l'amiral Verhuell qui, par le même courrier, écrit à son gouvernement pour le presser de remplir les intentions de Sa Majesté dont le désir est, lorsqu'elle viendra à Ostende, de faire manœuvrer toute cette flottille. Il n'y a que vous, mon cher général, qui puissiez faire mettre à exécution les intentions de l'empereur en stimulant, animant le gouvernement batave et en faisant quelques sacrifices que vous saurez bien réparer.

Je vous ai instruit dans ma dernière du 22 des propotions que l'amiral Verhuell avait faites en vous priant de les appuyer, aujourd'hui, comme vous le prouvera la lettre de l'empereur, que vraisemblablement ce courrier vous porte, nous ne devons plus compter que sur votre intervention.

Je profite de cette occasion, mon cher général, pour vous renouveler l'assurance de mon estime et de mon amitié.

L. Davout.

TABLE DES MATIÈRES

Pages.

Avant-Propos. 1

I

LES ANNÉES HEUREUSES (1789-1810)

I.	Origine de Louis Davout. Mme Davout mère. L'homme en germe chez l'enfant.	15
II.	Davout pendant la période révolutionnaire. Il commande le 3e bataillon des gardes nationales de l'Yonne. Son amitié pour Marceau. Expédition d'Égypte.	23
III.	Mariage de Davout avec Mlle Aimée Leclerc. Mme Campan. Caractère de la jeune maréchale.	34
IV.	Le général Leclerc. Davout à l'armée d'Italie. . .	48
V.	Davout époux. Caractère de son amour pour la maréchale.	54
VI.	Davout fils et frère. Son attitude vis-à-vis de sa famille	64
VII.	Caractère militaire de Davout. Sa modestie. Son	

TABLE DES MATIÈRES.

Pages.

récit de la bataille d'Eylau. Bataille d'Auerstaedt................... 73
VIII. Injustice de Napoléon envers Davout. Amour et inaltérable fidélité de Davout pour Napoléon.. 84

II

LES ANNÉES SOMBRES (1810-1816)

Avant-Propos.................. 105

I. Vie de famille de Davout entre 1809 et 1815. Ses opinions sur les femmes et l'éducation. Son stoïcisme.................. 109
II. Amitiés et haines de Davout.......... 130
III. Campagne de 1812. Davout en fut-il partisan? Guignon opiniâtre qui le poursuit pendant le cours de cette expédition. Désespoir plus fort que sa prudence................... 148
IV. Discrétion pleine de noblesse de Davout pendant la campagne de Russie........... 159
V. Sombre état d'esprit de Davout au sortir de Russie. Fausse lettre de Davout publiée par le *Moniteur*................... 165
VI. Histoire de la campagne de 1812, par Philippe de Ségur. Caractères épiques de ce récit. Lettre de Ségur à Davout................. 176
VII. Reprise de Hambourg par les troupes françaises. Ordres terribles envoyés par l'empereur à Davout. Comment ils furent exécutés par le maréchal.................... 187

TABLE DES MATIÈRES.

Pages.

VIII. Davout immobilisé dans Hambourg. Défense de cette ville. 1814. Le mémoire justificatif. . . . 200

IX. 1815. Davout ministre de la guerre pendant les Cent jours. Son rôle politique après Waterloo. Fut-il d'avis de défendre Paris contre les alliés? Note importante de M. Clément (du Doubs). . . 211

APPENDICE. 239

EXTRAIT DU CATALOGUE

Bibliothèque d'Histoire et de Géographie

E. Daudet. *Le Procès des Ministres (1830)*.	5 fr. »
— *La Terreur blanche*	5 fr. »
C. Farcy. *La Guerre sur le Danube*	6 fr. »
A. Rabou. *Les Idées libérales*	7 fr. 50
Cte L. de Turenne. *Quatorze Mois dans l'Amérique du Nord*. 2 vol.	6 fr. »
Cte de Montalivet. *Un Heureux Coin de terre*.	1 fr. »
R. Hamilton Lang. *Chypre, son passé, son présent, son avenir*.	3 fr. »
H. Havard. *La Terre des Gueux*.	3 fr. »
Camille Farcy. *Le Rhin Français*.	3 fr. »
Cte A. de Pina. *Deux Ans dans le pays des épices*	3 fr. »
J. Leclercq. *Le Tyrol et le pays des Dolomites*.	3 fr. »
P. Frédé. *La Russie et le Nihilisme* . . .	3 fr. »
E. Jaeglé. *Correspondance de Madame, duchesse d'Orléans*. 2 vol.	6 fr. »
Chev^r A. Le Moyne. *La Nouvelle Grenade*. 2 vol.	6 fr. »
Charles Jourdan. *Croquis Algériens* 1 vol.	3 fr. »
Cucheval Clarigny. *Lord Beaconsfield* 1 vol.	3 fr. »

L'AMÉRIQUE DU NORD
PITTORESQUE

PUBLICATION DE GRAND LUXE ILLUSTRÉE : **50 fr.**

Se vend en **50** Livraisons à **1** fr. et en **10** Fascicules à **5** fr.

LA HOLLANDE A VOL D'OISEAU
Par Henry HAVARD

Ouvrage richement illustré par LALANNE : **25 francs**

SE VEND EN 25 LIVRAISON A **1** FR.

www.ingramcontent.com/pod-product-compliance
Lightning Source LLC
Chambersburg PA
CBHW070642170426
43200CB00010B/2101